조절력 향상을 위한 단계별 맞춤형 개입 프로그램

워크북

집중개입-외현화 유형

Workbook
Comprehensive Intervention Level-Externalization Type

김현수, 이형초, STEP 개발 연구팀(이해국, 방수영, 최삼욱, 황석현) 지음

Σ 시그마프레스

지은이 소개

| 대표저자 |

김현수(서남대학교 의과대학 명지병원 정신건강의학과)

이형초(심리상담센터 감사와 기쁨)

STEP 개발 연구팀

이해국(가톨릭대학교 의과대학 의정부성모병원 정신건강의학과)
방수영(을지대학교 의과대학 을지병원 정신건강의학과 소아청소년발달증진클리닉)
최삼욱(이지브레인 정신건강의학과 의원)
황석현(전남대학교 심리학과)

조절력 향상을 위한
단계별 맞춤형 개입 프로그램 워크북

집중개입-외현화 유형

발행일 | 2015년 11월 20일 1쇄 발행

STEP 개발 연구팀
연구책임자 | 이해국
공동연구자 | 김현수, 이형초, 방수영, 최삼욱, 황석현, 채숙희, 황인국, 김병주
연구원 | 이보혜, 김나리, 임숙희, 김서희, 김은빈, 이수비, 김지선
발행인 | 강학경
발행처 | ㈜ 시그마프레스
디자인 | 강경희
편집 | 김성남

등록번호 | 제10-2642호
주소 | 서울특별시 영등포구 양평로 22길 21 선유도코오롱디지털타워 A401~403호
전자우편 | sigma@spress.co.kr
홈페이지 | http://www.sigmapress.co.kr
전화 | (02)323-4845, (02)2062-5184~8
팩스 | (02)323-4197

ISBN | 978-89-6866-548-6

* 책값은 뒤표지에 있습니다.
* 이 도서의 국립중앙도서관 출판예정도서목록(CIP)은 서지정보유통지원시스템 홈페이지(http://seoji.nl.go.kr)와 국가자료공동목록시스템(http://www.nl.go.kr/kolisnet)에서 이용하실 수 있습니다. (CIP제어번호 : CIP2015030114)

지나친 인터넷·게임 사용문제를 나타내는 아이들을 위한
단계별 맞춤형 자기조절력향상프로그램 워크북 및 매뉴얼을 펴내며

2000년 정신건강의학과 전문의 김현수 원장(현재 서남대 명지병원 정신건강의학과 교수)이 킴벌리 S. 영의 *Caught in the Net*를 처음으로 번역하여 펴냈을 때까지만 해도 정신건강 영역의 많은 치료자 상담가들은 인터넷 중독의 문제가 앞으로 대한민국 청소년들의 정신건강에 가장 큰 위협요인이 될 것이라고 생각하지 못했습니다.

2015년 오늘의 한국, 우리나라는 초고속 인터넷 보급률, 인터넷 사용률, 스마트폰 보급률 세계최고 수준을 자랑하는 ICT 산업 최강국이 되었습니다. 또한 콘텐츠 수출 중 게임 비중이 가장 높을 정도로 온라인게임은 국가가 앞장서서 지원하는 미래창조경제의 중심 산업으로 성장하고 있습니다.

이러한 화려함 이면에, 학교와 진료실 현장에서 어렵지 않게 만나게 되는 인터넷게임에 과도하게 집착되어 있는 아이들이 있습니다.

2000년 이후 김현수 교수, 임상심리학자 이형초 박사 등은 인터넷 중독 청소년 치료를 위한 인지행동치료지침 등을 펴내기도 하였고, 많은 정신의학, 심리, 상담분야에서 인터넷과 인터넷게임 등에 지나치게 집착되어 있는 소위 인터넷·게임 중독 아이들을 다시 학교와 생활의 현장으로 돌려보내기 위한 다양한 치료적 시도들이 현재까지 이어져 내려오고 있습니다.

미래창조과학부, 여성가족부, 보건복지부 및 문화체육관광부까지 나서 인터넷과 인터넷게임을 중독적으로 이용하는 우리의 아이들을 돕기 위한 서비스 체계를 만들기 위해 애쓰고 있지만, 200억이 넘는 투자를 감안할 때 정말 심각한 문제를 경험하고 있는 아이

들에게 효과적인 서비스를 제공하고 있는지 관련분야 전문가의 한 사람으로서 반성하게 됩니다.

여기 소개하는 집중적 평가와 평가에 근거한 치료개입매뉴얼은 그러한 반성의 결과입니다. 김현수 교수, 이형초 박사 등 우리나라에 인터넷·게임 중독 치료분야에 선구자적 역할을 했던 전문가를 비롯해 다직역의 최고 전문가들이 모여 현재까지의 상담치료프로그램에 대한 면밀한 분석과 평가를 통해 치료자, 서비스 공급자 중심이 아닌, 대상자와 그 문제, 서비스 수요자 중심의 맞춤형 치료개입프로그램을 개발했습니다.

본 프로그램은 다년간의 임상경험과 기존의 국내외 치료모델과 문헌들에 대한 고찰을 근거로 하여 인터넷·게임 중독 문제를 나타내는 아이들을 보다 다면적으로 평가하고 이러한 평가결과에 근거하여 치료수준과 개입프로그램을 결정하는 체계로 개발되었습니다. 따라서 본 책자는 다면적 평가를 위한 평가지침, 문제수준과 유형별 매뉴얼과 워크북, 즉 기본개입, 집중개입, 내재화, 외현화로 구별하여 총 4개의 워크북과 매뉴얼로 구성되어 있습니다. 인터넷·게임 중독의 치료 및 상담분야에 종사하는 전문가라면, 간단한 교육을 통해 평가지침에 숙달되고 나면 효율적으로 대상자의 문제를 평가한 뒤 그에 맞는 종류의 매뉴얼과 워크북을 선택하여 프로그램을 진행할 수 있을 것으로 기대합니다. 또한 본 평가프로그램 및 치료개입세션의 진행경과에 따른 효과성 등은 웹사이트 (www.step-igd.or.kr)를 이용하여 확인할 수 있도록 하여 편의성을 높이도록 하였습니다. 아무쪼록 이 치료개입프로그램이 우리나라 아동 청소년들의 균형 있는 성장에 작은 도움이 될 수 있기를 바랍니다.

조절력 향상을 위한 단계별 맞춤형 개입 프로그램
개발팀을 대표하여
이해국 올림

Contents

본 저서는 보건복지부의 지원으로
가톨릭대학교 산학협력단 STEP 개발연구팀에 의해
수행된 연구결과를 바탕으로 개발된 것임을 밝혀 둡니다.

1 회기

게임 패턴 파악 및
관계형성/상담 구조화

내 마음 알아차리기

● 지금 내 기분은 어떤가요?

● 내 기분을 표현할 수 있는 단어를 적어 보세요.

My game style

● 주로 하는 게임은 어떤 것인가요? 게임의 이름을 적어 주세요.

● 주로 하는 게임의 레벨은 어느 수준인가요?

● 주로 하는 게임을 시작하게 된 계기가 있나요?

● 주로 하는 게임이 다른 게임보다 재미있는 이유는 무엇인가요?

● 주로 하는 게임에서 가장 중요한 목표는 무엇인가요?

● 인터넷 게임에 중독되었다고 생각하나요?

우리의 여행길

회기	주 제
1	게임 패턴 파악 및 관계형성/상담 구조화
2	게임 패턴과 대인관계 인식
3	인생극장
4	변화동기 점검/양가감정 만들기
5	기쁨 시스템
6	갈망 대처법 1
7	갈망 대처법 2
8	갈망 대처법 3

상담 구조화

● 우리의 상담 시간은요?

● 상담을 위해 지켜야 할 것들은요?

● 상담에 대해 기대하는 점은요?

내담자

체크리스트

오늘 프로그램에 참여하면서 느낀 점을 각 문항에 따라 대답해 주세요.
최대한 솔직하고 성실한 답변을 부탁드립니다. 대답한 내용은 외부에 유출되지 않으며,
치료 및 연구를 위한 자료로만 사용됩니다. 참여해 주셔서 감사합니다!

❶ 지난 일주일 동안 (오늘을 포함하여) 인터넷(인터넷 게임)을 얼마나 사용했나요? (∨)

빈도	주 1회	주 2~3회	주 4~5회	주 6회 이상	주말만	사용 안 함
평일	1시간 미만	1~2시간	2~3시간	3~4시간	4~5시간	5시간 이상
주말	1시간 미만	1~2시간	2~3시간	3~4시간	4~5시간	5시간 이상

❷ 지난 일주일 동안 (오늘을 포함하여) 내가 느낀 기분과 행동을 아래에 각각 표시해 주세요. (∨)

기분	슬프거나, 울고 싶거나, 기분이 가라앉음
	0 · · · · · 1 · · · · 2 · · · · 3 · · · · 4 · · · · 5 전혀 없음 　　　　　　　　　　　　　　　　　매우 심함
	불안하거나, 걱정이 많거나, 예민한 기분
	0 · · · · · 1 · · · · 2 · · · · 3 · · · · 4 · · · · 5 전혀 없음 　　　　　　　　　　　　　　　　　매우 심함

행동	주의 집중이 어렵거나, 한 가지 일을 꾸준하게 하지 못함
	0 · · · · · 1 · · · · 2 · · · · 3 · · · · 4 · · · · 5 전혀 없음 　　　　　　　　　　　　　　　　　매우 심함
	남에게 나쁜 말을 하고 싶거나, 항상 화가 나 있거나, 남을 때리고 싶은 기분
	0 · · · · · 1 · · · · 2 · · · · 3 · · · · 4 · · · · 5 전혀 없음 　　　　　　　　　　　　　　　　　매우 심함

❸ 지난 일주일 동안 (오늘을 포함하여) 가족과의 관계에 대해 아래에 표시해 주세요. (∨)

지난 일주일 동안 가족과의 관계가 어땠나요?	0 · · · · · 1 · · · · · 2 · · · · · 3 · · · · · 4 · · · · · 5 매우 나쁨　　　　　　　　　　　　　　　　　　매우 좋음
지난 일주일 동안 부모님께 혼나거나 가족과 싸운 적이 있나요?	있음 ☐ (　 회) 없음 ☐ **위 문항에서 '있음'에 표시한 경우** 혼나거나 싸운 이유가 나의 인터넷(인터넷 게임) 사용 때문이었나요? 　　　　**그렇다**　　　　　　**아니다**

❹ 현재 나는 인터넷(인터넷 게임) 사용을 얼마나 조절[*]할 수 있나요? (∨)
　(**＊조절** : 계획한 시간만 사용하거나, 내가 원하는 때에 그만할 수 있음)

　　　　0 · · · · · 1 · · · · · 2 · · · · · 3 · · · · · 4 · · · · · 5
　　　　전혀 못함　　　　　　　　　　　　　　　　매우 잘함

❺ 나의 인터넷(인터넷 게임) 사용 문제가 앞으로 잘 해결될 것이라 생각하나요? (∨)

　　　　0 · · · · · 1 · · · · · 2 · · · · · 3 · · · · · 4 · · · · · 5
　　　　전혀 아니다　　　　　　　　　　　　　　매우 그렇다

❻ 오늘 프로그램 참여에 대해 만족하나요? (∨)

　　　　0 · · · · · 1 · · · · · 2 · · · · · 3 · · · · · 4 · · · · · 5
　　　　전혀 아니다　　　　　　　　　　　　　　매우 그렇다

❼ 오늘 프로그램에 참여하면서 느낀 점을 자유롭게 작성해 주세요.

가장 좋았던 점	
더 필요한 점	

치료자

체크리스트

프로그램 진행과 내담자에 대해 각 문항에 따라 대답해 주십시오.

❶ 이번 회기 프로그램 중 내담자에 대해 아래 질문에 따라 표시해 주십시오. (∨)

오늘 내담자의 전체적인 프로그램 참여 태도는 어땠습니까?	0 · · · · 1 · · · · 2 · · · · 3 · · · · 4 · · · · 5 매우 나쁨　　　　　　　　　　　　　　　　매우 좋음
오늘 내담자가 인터넷(인터넷 게임) 외의 주제에 대해서도 이야기를 잘했나요?	0 · · · · 1 · · · · 2 · · · · 3 · · · · 4 · · · · 5 전혀 못함　　　　　　　　　　　　　　　　매우 잘함
오늘 내담자가 인터넷(인터넷 게임)에 관한 이야기만 했나요?	0 · · · · 1 · · · · 2 · · · · 3 · · · · 4 · · · · 5 전혀 없음　　　　　　　　　　　　　　　　매우 심함
오늘 내담자가 프로그램 참여 중에 인터넷(인터넷 게임) 용어를 사용했나요?	0 · · · · 1 · · · · 2 · · · · 3 · · · · 4 · · · · 5 전혀 없음　　　　　　　　　　　　　　　　매우 심함

❷ 내담자의 현재 관찰된 기분과 행동을 아래에 표시해 주십시오. (∨)

기분	우울	슬프거나, 울고 싶거나, 기분이 가라앉음 0 · · · · · 1 · · · · · 2 · · · · · 3 · · · · · 4 · · · · · 5 전혀 없음　　　　　　　　　　　　　　　　　　　　　　매우 심함
	불안	불안하거나, 걱정이 많거나, 예민한 기분 0 · · · · · 1 · · · · · 2 · · · · · 3 · · · · · 4 · · · · · 5 전혀 없음　　　　　　　　　　　　　　　　　　　　　　매우 심함
행동	산만함	주의 집중이 어렵거나, 한 가지 일을 꾸준하게 하지 못함 0 · · · · · 1 · · · · · 2 · · · · · 3 · · · · · 4 · · · · · 5 전혀 없음　　　　　　　　　　　　　　　　　　　　　　매우 심함
	공격성	남에게 나쁜 말을 하고 싶거나, 항상 화가 나 있거나, 남을 때리고 싶은 기분 0 · · · · · 1 · · · · · 2 · · · · · 3 · · · · · 4 · · · · · 5 전혀 없음　　　　　　　　　　　　　　　　　　　　　　매우 심함

❸ 치료자의 의견을 자유롭게 작성해 주십시오.

이번 회기 내담자의 특이사항	
내담자에게 가장 필요한 사항	
기타 의견	

2
회기

게임 패턴과
대인관계 인식

나는 어떤 게이머?

- 게임 속에서 레벨업이 되면서 성취욕구를 느끼고 싶어서 게임을 하나요?
- 온라인 친구들과 친하게 지내고 싶어서 게임을 하나요?
- 심심하니깐 재미있는 시간을 보내고 싶어서 게임을 하나요?

● 내가 게임을 하는 이유를 생각해 보세요.

❓ 내가 게임하는 이유 1

❓ 내가 게임하는 이유 2

❓ 내가 게임하는 이유 3

게임을 하면서 생기는 이득이라고 생각하는 것들

- 게임을 하게 되면 어떤 좋은 것이 생기나요?
- 재미 그 자체가 좋은 것인가요?
- 아니면 그 밖에 생기는 무언가가 있나요?

● 내가 게임을 하는 이유를 생각해 보세요.

? 내가 게임하는 이유 1

? 내가 게임하는 이유 2

? 내가 게임하는 이유 3

친구관계도

게임에 몰두하기
전, 후를 비교해 보아요.

● 현재 친구관계 만족도는 어떤가요?

| 0 | 1 | 2 | 3 | 4 | 5 | 6 | 7 | 8 | 9 | 10 |

매우 불만족해요   매우 만족해요

● 현재의 친구관계를 그려 보아요.

친구와 게임

 게임에 몰두하기 전
나의 친구관계

 게임을 통해 만난
새로운 친구관계

● 현재 나의 친구관계는 어떤가요?

 중요!

가족관계도

게임에 몰두하기
전, 후를 비교해 보아요.

● 현재 가족관계 만족도는 어떤가요?

| 0 | 1 | 2 | 3 | 4 | 5 | 6 | 7 | 8 | 9 | 10 |

매우 불만족해요   매우 만족해요

● 현재의 가족관계를 그려 보아요.

먼 가족

가까운 가족

나

내담자

체크리스트

오늘 프로그램에 참여하면서 느낀 점을 각 문항에 따라 대답해 주세요.
최대한 솔직하고 성실한 답변을 부탁드립니다. 대답한 내용은 외부에 유출되지 않으며,
치료 및 연구를 위한 자료로만 사용됩니다. 참여해 주셔서 감사합니다!

❶ 지난 일주일 동안 (오늘을 포함하여) 인터넷(인터넷 게임)을 얼마나 사용했나요? (∨)

빈도	주 1회	주 2~3회	주 4~5회	주 6회 이상	주말만	사용 안 함
평일	1시간 미만	1~2시간	2~3시간	3~4시간	4~5시간	5시간 이상
주말	1시간 미만	1~2시간	2~3시간	3~4시간	4~5시간	5시간 이상

❷ 지난 일주일 동안 (오늘을 포함하여) 내가 느낀 기분과 행동을 아래에 각각 표시해 주세요. (∨)

기분	슬프거나, 울고 싶거나, 기분이 가라앉음
	0 · · · · · 1 · · · · · 2 · · · · · 3 · · · · · 4 · · · · · 5
	전혀 없음 매우 심함

불안하거나, 걱정이 많거나, 예민한 기분

0 · · · · · 1 · · · · · 2 · · · · · 3 · · · · · 4 · · · · · 5
전혀 없음   매우 심함

행동

주의 집중이 어렵거나, 한 가지 일을 꾸준하게 하지 못함

0 · · · · · 1 · · · · · 2 · · · · · 3 · · · · · 4 · · · · · 5
전혀 없음   매우 심함

남에게 나쁜 말을 하고 싶거나, 항상 화가 나 있거나, 남을 때리고 싶은 기분

0 · · · · · 1 · · · · · 2 · · · · · 3 · · · · · 4 · · · · · 5
전혀 없음   매우 심함

체크리스트

❸ 지난 일주일 동안 (오늘을 포함하여) 가족과의 관계에 대해 아래에 표시해 주세요. (∨)

지난 일주일 동안 가족과의 관계가 어땠나요?	0 · · · · · 1 · · · · · 2 · · · · · 3 · · · · · 4 · · · · · 5 매우 나쁨　　　　　　　　　　　　　　　　　　　매우 좋음
지난 일주일 동안 부모님께 혼나거나 가족과 싸운 적이 있나요?	있음 □ (　　회)　없음 □ **위 문항에서 '있음'에 표시한 경우** 혼나거나 싸운 이유가 나의 인터넷(인터넷 게임) 사용 때문이었나요? 　　　　　**그렇다**　　　　　**아니다**

❹ 현재 나는 인터넷(인터넷 게임) 사용을 얼마나 조절[*]할 수 있나요? (∨)
（＊**조절** : 계획한 시간만 사용하거나, 내가 원하는 때에 그만할 수 있음）

0 · · · · · 1 · · · · · 2 · · · · · 3 · · · · · 4 · · · · · 5
　전혀 못함　　　　　　　　　　　　　　　　　　매우 잘함

❺ 나의 인터넷(인터넷 게임) 사용 문제가 앞으로 잘 해결될 것이라 생각하나요? (∨)

0 · · · · · 1 · · · · · 2 · · · · · 3 · · · · · 4 · · · · · 5
　전혀 아니다　　　　　　　　　　　　　　　　　매우 그렇다

❻ 오늘 프로그램 참여에 대해 만족하나요? (∨)

0 · · · · · 1 · · · · · 2 · · · · · 3 · · · · · 4 · · · · · 5
　전혀 아니다　　　　　　　　　　　　　　　　　매우 그렇다

❼ 오늘 프로그램에 참여하면서 느낀 점을 자유롭게 작성해 주세요.

가장 좋았던 점	
더 필요한 점	

치료자

체크리스트

프로그램 진행과 내담자에 대해 각 문항에 따라 대답해 주십시오.

❶ 이번 회기 프로그램 중 내담자에 대해 아래 질문에 따라 표시해 주십시오. (∨)

오늘 내담자의 전체적인 프로그램 참여 태도는 어땠습니까?	0 · · · · · 1 · · · · · 2 · · · · · 3 · · · · · 4 · · · · · 5 매우 나쁨 매우 좋음
오늘 내담자가 인터넷(인터넷 게임) 외의 주제에 대해서도 이야기를 잘했나요?	0 · · · · · 1 · · · · · 2 · · · · · 3 · · · · · 4 · · · · · 5 전혀 못함 매우 잘함
오늘 내담자가 인터넷(인터넷 게임)에 관한 이야기만 했나요?	0 · · · · · 1 · · · · · 2 · · · · · 3 · · · · · 4 · · · · · 5 전혀 없음 매우 심함
오늘 내담자가 프로그램 참여 중에 인터넷(인터넷 게임) 용어를 사용했나요?	0 · · · · · 1 · · · · · 2 · · · · · 3 · · · · · 4 · · · · · 5 전혀 없음 매우 심함

체크리스트

❷ 내담자의 현재 관찰된 기분과 행동을 아래에 표시해 주십시오. (∨)

기분	우울	슬프거나, 울고 싶거나, 기분이 가라앉음					
		0 · · · · · 1 · · · · · 2 · · · · · 3 · · · · · 4 · · · · · 5					
		전혀 없음					매우 심함
	불안	불안하거나, 걱정이 많거나, 예민한 기분					
		0 · · · · · 1 · · · · · 2 · · · · · 3 · · · · · 4 · · · · · 5					
		전혀 없음					매우 심함
행동	산만함	주의 집중이 어렵거나, 한 가지 일을 꾸준하게 하지 못함					
		0 · · · · · 1 · · · · · 2 · · · · · 3 · · · · · 4 · · · · · 5					
		전혀 없음					매우 심함
	공격성	남에게 나쁜 말을 하고 싶거나, 항상 화가 나 있거나, 남을 때리고 싶은 기분					
		0 · · · · · 1 · · · · · 2 · · · · · 3 · · · · · 4 · · · · · 5					
		전혀 없음					매우 심함

❸ 치료자의 의견을 자유롭게 작성해 주십시오.

이번 회기 내담자의 특이사항	
내담자에게 가장 필요한 사항	
기타 의견	

3 회기

인생극장

게임인생 vs 조절인생

인생극장

● 내가 지금처럼 게임을 계속하면서 산다고 생각해 보세요.
  지금부터 나의 삶은 어떻게 될까요? 어떤 변화가 있을까요?

2주 후	1개월 후	6개월 후	1년 후

● 만약 내가 지금부터 게임을 조절한다고 생각해 보세요.
  지금부터 나의 삶은 어떻게 될까요? 어떤 변화가 있을까요?

2주 후	1개월 후	6개월 후	1년 후

내담자

체크리스트

오늘 프로그램에 참여하면서 느낀 점을 각 문항에 따라 대답해 주세요.
최대한 솔직하고 성실한 답변을 부탁드립니다. 대답한 내용은 외부에 유출되지 않으며,
치료 및 연구를 위한 자료로만 사용됩니다. 참여해 주셔서 감사합니다!

❶ 지난 일주일 동안 (오늘을 포함하여) 인터넷(인터넷 게임)을 얼마나 사용했나요? (∨)

빈도	주 1회	주 2~3회	주 4~5회	주 6회 이상	주말만	사용 안 함
평일	1시간 미만	1~2시간	2~3시간	3~4시간	4~5시간	5시간 이상
주말	1시간 미만	1~2시간	2~3시간	3~4시간	4~5시간	5시간 이상

❷ 지난 일주일 동안 (오늘을 포함하여) 내가 느낀 기분과 행동을 아래에 각각 표시해 주세요. (∨)

기분	슬프거나, 울고 싶거나, 기분이 가라앉음
	0·····1·····2·····3·····4·····5 전혀 없음 　　　　　　　　　　　　　　　　　　매우 심함
	불안하거나, 걱정이 많거나, 예민한 기분
	0·····1·····2·····3·····4·····5 전혀 없음 　　　　　　　　　　　　　　　　　　매우 심함

행동	주의 집중이 어렵거나, 한 가지 일을 꾸준하게 하지 못함
	0·····1·····2·····3·····4·····5 전혀 없음 　　　　　　　　　　　　　　　　　　매우 심함
	남에게 나쁜 말을 하고 싶거나, 항상 화가 나 있거나, 남을 때리고 싶은 기분
	0·····1·····2·····3·····4·····5 전혀 없음 　　　　　　　　　　　　　　　　　　매우 심함

❸ 지난 일주일 동안 (오늘을 포함하여) 가족과의 관계에 대해 아래에 표시해 주세요. (∨)

지난 일주일 동안 가족과의 관계가 어땠나요?	0 · · · · · 1 · · · · · 2 · · · · · 3 · · · · · 4 · · · · · 5 매우 나쁨 매우 좋음
지난 일주일 동안 부모님께 혼나거나 가족과 싸운 적이 있나요?	있음 ⬜ (회) 없음 ⬜
	위 문항에서 '있음'에 표시한 경우 혼나거나 싸운 이유가 나의 인터넷(인터넷 게임) 사용 때문이었나요? **그렇다** **아니다**

❹ 현재 나는 인터넷(인터넷 게임) 사용을 얼마나 조절*할 수 있나요? (∨)
(***조절** : 계획한 시간만 사용하거나, 내가 원하는 때에 그만할 수 있음)

0 · · · · · 1 · · · · · 2 · · · · · 3 · · · · · 4 · · · · · 5
전혀 못함   매우 잘함

❺ 나의 인터넷(인터넷 게임) 사용 문제가 앞으로 잘 해결될 것이라 생각하나요? (∨)

0 · · · · · 1 · · · · · 2 · · · · · 3 · · · · · 4 · · · · · 5
전혀 아니다   매우 그렇다

❻ 오늘 프로그램 참여에 대해 만족하나요? (∨)

0 · · · · · 1 · · · · · 2 · · · · · 3 · · · · · 4 · · · · · 5
전혀 아니다   매우 그렇다

❼ 오늘 프로그램에 참여하면서 느낀 점을 자유롭게 작성해 주세요.

가장 좋았던 점	
더 필요한 점	

체크리스트

프로그램 진행과 내담자에 대해 각 문항에 따라 대답해 주십시오.

❶ 이번 회기 프로그램 중 내담자에 대해 아래 질문에 따라 표시해 주십시오. (∨)

오늘 내담자의 전체적인 프로그램 참여 태도는 어땠습니까?	0 · · · · · 1 · · · · · 2 · · · · · 3 · · · · · 4 · · · · · 5 매우 나쁨 매우 좋음
오늘 내담자가 인터넷(인터넷 게임) 외의 주제에 대해서도 이야기를 잘했나요?	0 · · · · · 1 · · · · · 2 · · · · · 3 · · · · · 4 · · · · · 5 전혀 못함 매우 잘함
오늘 내담자가 인터넷(인터넷 게임)에 관한 이야기만 했나요?	0 · · · · · 1 · · · · · 2 · · · · · 3 · · · · · 4 · · · · · 5 전혀 없음 매우 심함
오늘 내담자가 프로그램 참여 중에 인터넷(인터넷 게임) 용어를 사용했나요?	0 · · · · · 1 · · · · · 2 · · · · · 3 · · · · · 4 · · · · · 5 전혀 없음 매우 심함

❷ 내담자의 현재 관찰된 기분과 행동을 아래에 표시해 주십시오. (∨)

기분	우울	슬프거나, 울고 싶거나, 기분이 가라앉음
		0 · · · · · 1 · · · · · 2 · · · · · 3 · · · · · 4 · · · · · 5
		전혀 없음　　　　　　　　　　　　　　　　　　매우 심함
	불안	불안하거나, 걱정이 많거나, 예민한 기분
		0 · · · · · 1 · · · · · 2 · · · · · 3 · · · · · 4 · · · · · 5
		전혀 없음　　　　　　　　　　　　　　　　　　매우 심함
행동	산만함	주의 집중이 어렵거나, 한 가지 일을 꾸준하게 하지 못함
		0 · · · · · 1 · · · · · 2 · · · · · 3 · · · · · 4 · · · · · 5
		전혀 없음　　　　　　　　　　　　　　　　　　매우 심함
	공격성	남에게 나쁜 말을 하고 싶거나, 항상 화가 나 있거나, 남을 때리고 싶은 기분
		0 · · · · · 1 · · · · · 2 · · · · · 3 · · · · · 4 · · · · · 5
		전혀 없음　　　　　　　　　　　　　　　　　　매우 심함

❸ 치료자의 의견을 자유롭게 작성해 주십시오.

이번 회기 내담자의 특이사항	
내담자에게 가장 필요한 사항	
기타 의견	

4
회기

변화동기 점검/
양가감정 만들기

조절 욕구 찾아내고 협력 얻어 내기

● 나에게 게임에 대한 행동 변화는 얼마나 중요한가요?

0	1	2	3	4	5	6	7	8	9	10

전혀 중요하지
않아요

매우 중요해요

● 내가 게임 행동을 변화시켜야겠다고 결심한다면 어느 정도 자신 있게 해낼
수 있을까요?

0	1	2	3	4	5	6	7	8	9	10

전혀 자신이 없어요

매우 자신 있어요

조절단계 찾아보기

● 게임 조절에 대한 나의 변화단계는 어디쯤일까요?

전 숙고	숙고	준비	실행	유지
어떻게 변화할지 모르는 나	가끔 변화에 대해 생각하는 나	변화하고 싶어 하는 나	변할 계획을 하고 있는 나	변화 과정 중에 있는 나

변화동기 탐색하기

SCQI(Stage of Change Questionnaire-Internet gaming disorder, 인터넷 사용에 대한 생각 척도)

● 다음을 읽고 자신의 모습에 가장 잘 맞는 곳에 체크하여 주십시오.

번호	문항	전혀 아니다	대체로 아니다	보통	대체로 그렇다	아주 그렇다
1	나는 내가 인터넷을 너무 많이 한다고 생각하지 않는다.	-2	-1	0	1	2
2	나는 이전에 하던 양보다 덜 하려고 노력한다.	-2	-1	0	1	2
3	나는 보통은 적당히 하는 편이지만 때로는 지나치게 한다.	-2	-1	0	1	2
4	때때로 나는 인터넷을 하지 않으려고 생각한다.	-2	-1	0	1	2
5	내 인터넷 사용 행동에 대해서 생각할 필요가 없다.	-2	-1	0	1	2
6	나는 최근 인터넷 사용 습관을 바꿨다.	-2	-1	0	1	2
7	나는 실제로 내 인터넷 사용 행동에 대해서 무엇인가 변화시키고 있다.	-2	-1	0	1	2
8	나는 인터넷 사용을 줄이는 것을 생각해야 할 단계이다.	-2	-1	0	1	2
9	내 인터넷 사용은 가끔은 문제가 된다.	-2	-1	0	1	2
10	내 인터넷 사용의 변화를 생각할 필요가 없다.	-2	-1	0	1	2
11	나는 실제로 지금 당장 내 인터넷 사용 습관을 바꾸고 있다.	-2	-1	0	1	2
12	인터넷 사용을 줄이는 것은 나에게 중요하지 않을 것이다.	-2	-1	0	1	2

게임의 결정 저울

● 게임을 할 때 나에게 좋은 점과 나쁜 점을 적어 볼까요?

좋은 점

나쁜 점

워크북
Stepped
Tailored
Empowerment
Programs

집중개입-외현화 유형 Comprehensive Intervention Level-Externalization Type

역기적질문

● 아침에 일어났더니… 외계인의 침공으로 모든 전기가 사라졌어요. 인터넷이 되지 않아요. 친구는 어떻게 할 것인가요?

내담자

체크리스트

오늘 프로그램에 참여하면서 느낀 점을 각 문항에 따라 대답해 주세요.
최대한 솔직하고 성실한 답변을 부탁드립니다. 대답한 내용은 외부에 유출되지 않으며,
치료 및 연구를 위한 자료로만 사용됩니다. 참여해 주셔서 감사합니다!

❶ 지난 일주일 동안 (오늘을 포함하여) 인터넷(인터넷 게임)을 얼마나 사용했나요? (∨)

빈도	주 1회	주 2~3회	주 4~5회	주 6회 이상	주말만	사용 안 함
평일	1시간 미만 ☐	1~2시간 ☐	2~3시간 ☐	3~4시간 ☐	4~5시간 ☐	5시간 이상 ☐
주말	1시간 미만	1~2시간	2~3시간	3~4시간	4~5시간	5시간 이상

❷ 지난 일주일 동안 (오늘을 포함하여) 내가 느낀 기분과 행동을 아래에 각각 표시해 주세요. (∨)

기분	슬프거나, 울고 싶거나, 기분이 가라앉음 0 · · · · · 1 · · · · · 2 · · · · · 3 · · · · · 4 · · · · · 5 전혀 없음　　　　　　　　　　　　　　　　매우 심함 불안하거나, 걱정이 많거나, 예민한 기분 0 · · · · · 1 · · · · · 2 · · · · · 3 · · · · · 4 · · · · · 5 전혀 없음　　　　　　　　　　　　　　　　매우 심함
행동	주의 집중이 어렵거나, 한 가지 일을 꾸준하게 하지 못함 0 · · · · · 1 · · · · · 2 · · · · · 3 · · · · · 4 · · · · · 5 전혀 없음　　　　　　　　　　　　　　　　매우 심함 남에게 나쁜 말을 하고 싶거나, 항상 화가 나 있거나, 남을 때리고 싶은 기분 0 · · · · · 1 · · · · · 2 · · · · · 3 · · · · · 4 · · · · · 5 전혀 없음　　　　　　　　　　　　　　　　매우 심함

❸ 지난 일주일 동안 (오늘을 포함하여) 가족과의 관계에 대해 아래에 표시해 주세요. (∨)

| 지난 일주일 동안 가족과의 관계가 어땠나요? | 0 · · · · · 1 · · · · · 2 · · · · · 3 · · · · · 4 · · · · · 5
매우 나쁨   매우 좋음 |
| 지난 일주일 동안 부모님께 혼나거나 가족과 싸운 적이 있나요? | 있음 ☐ (회)   없음 ☐

위 문항에서 '있음'에 표시한 경우
혼나거나 싸운 이유가 나의 인터넷(인터넷 게임) 사용 때문이었나요?

         그렇다   아니다 |

❹ 현재 나는 인터넷(인터넷 게임) 사용을 얼마나 조절[*]할 수 있나요? (∨)
    (**＊조절** : 계획한 시간만 사용하거나, 내가 원하는 때에 그만할 수 있음)

0 · · · · · 1 · · · · · 2 · · · · · 3 · · · · · 4 · · · · · 5
전혀 못함   매우 잘함

❺ 나의 인터넷(인터넷 게임) 사용 문제가 앞으로 잘 해결될 것이라 생각하나요? (∨)

0 · · · · · 1 · · · · · 2 · · · · · 3 · · · · · 4 · · · · · 5
전혀 아니다   매우 그렇다

❻ 오늘 프로그램 참여에 대해 만족하나요? (∨)

0 · · · · · 1 · · · · · 2 · · · · · 3 · · · · · 4 · · · · · 5
전혀 아니다   매우 그렇다

❼ 오늘 프로그램에 참여하면서 느낀 점을 자유롭게 작성해 주세요.

가장 좋았던 점	
더 필요한 점	

치료자

체크리스트

프로그램 진행과 내담자에 대해 각 문항에 따라 대답해 주십시오.

❶ 이번 회기 프로그램 중 내담자에 대해 아래 질문에 따라 표시해 주십시오. (∨)

오늘 내담자의 전체적인 프로그램 참여 태도는 어땠습니까?	0 · · · · 1 · · · · 2 · · · · 3 · · · · 4 · · · · 5 매우 나쁨　　　　　　　　　　　　　　　　　매우 좋음
오늘 내담자가 인터넷(인터넷 게임) 외의 주제에 대해서도 이야기를 잘했나요?	0 · · · · 1 · · · · 2 · · · · 3 · · · · 4 · · · · 5 전혀 못함　　　　　　　　　　　　　　　　　매우 잘함
오늘 내담자가 인터넷(인터넷 게임)에 관한 이야기만 했나요?	0 · · · · 1 · · · · 2 · · · · 3 · · · · 4 · · · · 5 전혀 없음　　　　　　　　　　　　　　　　　매우 심함
오늘 내담자가 프로그램 참여 중에 인터넷(인터넷 게임) 용어를 사용했나요?	0 · · · · 1 · · · · 2 · · · · 3 · · · · 4 · · · · 5 전혀 없음　　　　　　　　　　　　　　　　　매우 심함

❷ 내담자의 현재 관찰된 기분과 행동을 아래에 표시해 주십시오. (∨)

기분	우울	슬프거나, 울고 싶거나, 기분이 가라앉음
		0 · · · · · 1 · · · · · 2 · · · · · 3 · · · · · 4 · · · · · 5
		전혀 없음 매우 심함
	불안	불안하거나, 걱정이 많거나, 예민한 기분
		0 · · · · · 1 · · · · · 2 · · · · · 3 · · · · · 4 · · · · · 5
		전혀 없음 매우 심함
행동	산만함	주의 집중이 어렵거나, 한 가지 일을 꾸준하게 하지 못함
		0 · · · · · 1 · · · · · 2 · · · · · 3 · · · · · 4 · · · · · 5
		전혀 없음 매우 심함
	공격성	남에게 나쁜 말을 하고 싶거나, 항상 화가 나 있거나, 남을 때리고 싶은 기분
		0 · · · · · 1 · · · · · 2 · · · · · 3 · · · · · 4 · · · · · 5
		전혀 없음 매우 심함

❸ 치료자의 의견을 자유롭게 작성해 주십시오.

이번 회기 내담자의 특이사항	
내담자에게 가장 필요한 사항	
기타 의견	

5 회기

기쁨 시스템

기쁨 시스템

● 어떨 때 기분이 좋았나요?

1	

2	

3	

● 요즘 가장 기분 좋을 때는 언제인가요?

게임 대체 자극

● 비슷한 수준으로 기분 좋은 상황을 적어 볼까요?

100

50

0

게임 사용 기록표

- 지난 일주일간의 게임 사용에 대해 기록해 보세요.
- 어디서 어떤 게임을 했는지도 함께 기록해 보세요.
- 또한 게임을 하지 않는 여가 시간에는 무엇을 했는지도 적어 보세요.

요일 날짜	월	화	수	목	금	토	일
오전 6~7							
7~8							
8~9							
9~10							
10~11							
11~12							
오후 12~1							
1~2							
2~3							
3~4							
4~5							
5~6							
6~7							
7~8							
8~9							
9~10							
10~11							
11~12							
오전 12~1							
1~2							
2~3							
3~4							
4~5							
5~6							

내담자

체크리스트

오늘 프로그램에 참여하면서 느낀 점을 각 문항에 따라 대답해 주세요.
최대한 솔직하고 성실한 답변을 부탁드립니다. 대답한 내용은 외부에 유출되지 않으며,
치료 및 연구를 위한 자료로만 사용됩니다. 참여해 주셔서 감사합니다!

체크리스트

❶ 지난 일주일 동안 (오늘을 포함하여) 인터넷(인터넷 게임)을 얼마나 사용했나요? (∨)

빈도	주 1회	주 2~3회	주 4~5회	주 6회 이상	주말만	사용 안 함
평일	1시간 미만 ☐	1~2시간 ☐	2~3시간 ☐	3~4시간 ☐	4~5시간 ☐	5시간 이상 ☐
주말	1시간 미만	1~2시간	2~3시간	3~4시간	4~5시간	5시간 이상

❷ 지난 일주일 동안 (오늘을 포함하여) 내가 느낀 기분과 행동을 아래에 각각 표시해 주세요. (∨)

기분	슬프거나, 울고 싶거나, 기분이 가라앉음
	0 · · · · · 1 · · · · · 2 · · · · · 3 · · · · · 4 · · · · · 5
	전혀 없음　　　　　　　　　　　　　　　　매우 심함
	불안하거나, 걱정이 많거나, 예민한 기분
	0 · · · · · 1 · · · · · 2 · · · · · 3 · · · · · 4 · · · · · 5
	전혀 없음　　　　　　　　　　　　　　　　매우 심함

행동	주의 집중이 어렵거나, 한 가지 일을 꾸준하게 하지 못함
	0 · · · · · 1 · · · · · 2 · · · · · 3 · · · · · 4 · · · · · 5
	전혀 없음　　　　　　　　　　　　　　　　매우 심함
	남에게 나쁜 말을 하고 싶거나, 항상 화가 나 있거나, 남을 때리고 싶은 기분
	0 · · · · · 1 · · · · · 2 · · · · · 3 · · · · · 4 · · · · · 5
	전혀 없음　　　　　　　　　　　　　　　　매우 심함

❸ 지난 일주일 동안 (오늘을 포함하여) 가족과의 관계에 대해 아래에 표시해 주세요. (∨)

| 지난 일주일 동안 가족과의 관계가 어땠나요? | 0 · · · · · 1 · · · · · 2 · · · · · 3 · · · · · 4 · · · · · 5
매우 나쁨   매우 좋음 |
| 지난 일주일 동안 부모님께 혼나거나 가족과 싸운 적이 있나요? | 있음 ☐ (회)   없음 ☐

위 문항에서 '있음'에 표시한 경우
혼나거나 싸운 이유가 나의 인터넷(인터넷 게임) 사용 때문이었나요?

              그렇다   **아니다** |

❹ 현재 나는 인터넷(인터넷 게임) 사용을 얼마나 조절[*]할 수 있나요? (∨)
   (**＊조절** : 계획한 시간만 사용하거나, 내가 원하는 때에 그만할 수 있음)

              0 · · · · · 1 · · · · · 2 · · · · · 3 · · · · · 4 · · · · · 5
              전혀 못함   매우 잘함

❺ 나의 인터넷(인터넷 게임) 사용 문제가 앞으로 잘 해결될 것이라 생각하나요? (∨)

              0 · · · · · 1 · · · · · 2 · · · · · 3 · · · · · 4 · · · · · 5
              전혀 아니다   매우 그렇다

❻ 오늘 프로그램 참여에 대해 만족하나요? (∨)

              0 · · · · · 1 · · · · · 2 · · · · · 3 · · · · · 4 · · · · · 5
              전혀 아니다   매우 그렇다

❼ 오늘 프로그램에 참여하면서 느낀 점을 자유롭게 작성해 주세요.

가장 좋았던 점	
더 필요한 점	

치료자

체크리스트

프로그램 진행과 내담자에 대해 각 문항에 따라 대답해 주십시오.

❶ 이번 회기 프로그램 중 내담자에 대해 아래 질문에 따라 표시해 주십시오. (∨)

오늘 내담자의 전체적인 프로그램 참여 태도는 어땠습니까?	0 · · · · · 1 · · · · · 2 · · · · · 3 · · · · · 4 · · · · · 5 매우 나쁨　　　　　　　　　　　　　　　　　　　매우 좋음
오늘 내담자가 인터넷(인터넷 게임) 외의 주제에 대해서도 이야기를 잘했나요?	0 · · · · · 1 · · · · · 2 · · · · · 3 · · · · · 4 · · · · · 5 전혀 못함　　　　　　　　　　　　　　　　　　　매우 잘함
오늘 내담자가 인터넷(인터넷 게임)에 관한 이야기만 했나요?	0 · · · · · 1 · · · · · 2 · · · · · 3 · · · · · 4 · · · · · 5 전혀 없음　　　　　　　　　　　　　　　　　　　매우 심함
오늘 내담자가 프로그램 참여 중에 인터넷(인터넷 게임) 용어를 사용했나요?	0 · · · · · 1 · · · · · 2 · · · · · 3 · · · · · 4 · · · · · 5 전혀 없음　　　　　　　　　　　　　　　　　　　매우 심함

체
크
리
스
트

❷ 내담자의 현재 관찰된 기분과 행동을 아래에 표시해 주십시오. (∨)

기분	우울	슬프거나, 울고 싶거나, 기분이 가라앉음
		0 · · · · · 1 · · · · · 2 · · · · · 3 · · · · · 4 · · · · · 5
		전혀 없음 매우 심함
	불안	불안하거나, 걱정이 많거나, 예민한 기분
		0 · · · · · 1 · · · · · 2 · · · · · 3 · · · · · 4 · · · · · 5
		전혀 없음 매우 심함
행동	산만함	주의 집중이 어렵거나, 한 가지 일을 꾸준하게 하지 못함
		0 · · · · · 1 · · · · · 2 · · · · · 3 · · · · · 4 · · · · · 5
		전혀 없음 매우 심함
	공격성	남에게 나쁜 말을 하고 싶거나, 항상 화가 나 있거나, 남을 때리고 싶은 기분
		0 · · · · · 1 · · · · · 2 · · · · · 3 · · · · · 4 · · · · · 5
		전혀 없음 매우 심함

❸ 치료자의 의견을 자유롭게 작성해 주십시오.

이번 회기 내담자의 특이사항	
내담자에게 가장 필요한 사항	
기타 의견	

6
회기

갈망 대처법
1

게임 갈망 온도계

- 0은 게임을 전혀 하고 싶지 않은 상황, 100은 게임을 매우 하고 싶은 상황을 말해요. 각 단계별로 게임을 하고 싶은 상황을 적어 보세요.

100	
90	
80 게임을 하고 싶은 마음을	
70 참을 수 없을 때	
60	
50	
40 게임을	
30 하고 싶지만 참을 수	
20 있을 때	
10	
게임을 안 할 때	
0	

게임 갈망
온도계

게임 갈망의 인식

● 게임을 하고 싶은 유혹의 순간들을 떠올려 봅시다.

장소 예) 집에 있을 때, PC방 앞을 지날 때

인물 예) 친구와 연락할 때, 혼자 있을 때

시간 예) 학교 마치고 집에 갈 때, 주말에

기분 예) 심심할 때, 우울할 때, 화가 날 때

● 유혹에 빠졌던 경험을 떠올려 봅시다.

유혹에 빠져 본 경험	유혹을 물리쳐 본 경험

게임이 너무 하고 싶을 땐 이렇게 해 보아요

게임 갈망은 늪과 같습니다. 빠져 나오려고 허우적대면 더 갈망 속으로 빠져들고 걷잡을 수 없게 됩니다. 게임 갈망을 피하려고 허우적대 기보다는 큰 바다의 파도라 생각하고 서핑을 하듯 파도를 타고 즐겨 보시기 바랍니다.

내담자

체크리스트

오늘 프로그램에 참여하면서 느낀 점을 각 문항에 따라 대답해 주세요.
최대한 솔직하고 성실한 답변을 부탁드립니다. 대답한 내용은 외부에 유출되지 않으며,
치료 및 연구를 위한 자료로만 사용됩니다. 참여해 주셔서 감사합니다!

❶ 지난 일주일 동안 (오늘을 포함하여) 인터넷(인터넷 게임)을 얼마나 사용했나요? (∨)

빈도	주 1회	주 2~3회	주 4~5회	주 6회 이상	주말만	사용 안 함
평일	1시간 미만	1~2시간	2~3시간	3~4시간	4~5시간	5시간 이상
주말	1시간 미만	1~2시간	2~3시간	3~4시간	4~5시간	5시간 이상

❷ 지난 일주일 동안 (오늘을 포함하여) 내가 느낀 기분과 행동을 아래에 각각 표시해 주세요. (∨)

기분	슬프거나, 울고 싶거나, 기분이 가라앉음 0 · · · · 1 · · · · 2 · · · · 3 · · · · 4 · · · · 5 전혀 없음　　　　　　　　　　　　　　　　매우 심함 불안하거나, 걱정이 많거나, 예민한 기분 0 · · · · 1 · · · · 2 · · · · 3 · · · · 4 · · · · 5 전혀 없음　　　　　　　　　　　　　　　　매우 심함
행동	주의 집중이 어렵거나, 한 가지 일을 꾸준하게 하지 못함 0 · · · · 1 · · · · 2 · · · · 3 · · · · 4 · · · · 5 전혀 없음　　　　　　　　　　　　　　　　매우 심함 남에게 나쁜 말을 하고 싶거나, 항상 화가 나 있거나, 남을 때리고 싶은 기분 0 · · · · 1 · · · · 2 · · · · 3 · · · · 4 · · · · 5 전혀 없음　　　　　　　　　　　　　　　　매우 심함

❸ 지난 일주일 동안 (오늘을 포함하여) 가족과의 관계에 대해 아래에 표시해 주세요. (∨)

지난 일주일 동안 가족과의 관계가 어땠나요?	$0 \cdots 1 \cdots 2 \cdots 3 \cdots 4 \cdots 5$ 매우 나쁨　　　　　　　　　　　　　　　매우 좋음
지난 일주일 동안 부모님께 혼나거나 가족과 싸운 적이 있나요?	있음 □ (　회) 없음 □ **위 문항에서 '있음'에 표시한 경우** 혼나거나 싸운 이유가 나의 인터넷(인터넷 게임) 사용 때문이었나요? **그렇다　　　　아니다**

❹ 현재 나는 인터넷(인터넷 게임) 사용을 얼마나 조절*할 수 있나요? (∨)
  (**＊조절** : 계획한 시간만 사용하거나, 내가 원하는 때에 그만할 수 있음)

$$0 \cdots 1 \cdots 2 \cdots 3 \cdots 4 \cdots 5$$
전혀 못함　　　　　　　　　　　　　　매우 잘함

❺ 나의 인터넷(인터넷 게임) 사용 문제가 앞으로 잘 해결될 것이라 생각하나요? (∨)

$$0 \cdots 1 \cdots 2 \cdots 3 \cdots 4 \cdots 5$$
전혀 아니다　　　　　　　　　　　　　매우 그렇다

❻ 오늘 프로그램 참여에 대해 만족하나요? (∨)

$$0 \cdots 1 \cdots 2 \cdots 3 \cdots 4 \cdots 5$$
전혀 아니다　　　　　　　　　　　　　매우 그렇다

❼ 오늘 프로그램에 참여하면서 느낀 점을 자유롭게 작성해 주세요.

가장 좋았던 점	
더 필요한 점	

체크리스트

프로그램 진행과 내담자에 대해 각 문항에 따라 대답해 주십시오.

❶ 이번 회기 프로그램 중 내담자에 대해 아래 질문에 따라 표시해 주십시오. (∨)

오늘 내담자의 전체적인 프로그램 참여 태도는 어땠습니까?	0 · · · · 1 · · · · 2 · · · · 3 · · · · 4 · · · · 5 매우 나쁨 매우 좋음
오늘 내담자가 인터넷(인터넷 게임) 외의 주제에 대해서도 이야기를 잘했나요?	0 · · · · 1 · · · · 2 · · · · 3 · · · · 4 · · · · 5 전혀 못함 매우 잘함
오늘 내담자가 인터넷(인터넷 게임)에 관한 이야기만 했나요?	0 · · · · 1 · · · · 2 · · · · 3 · · · · 4 · · · · 5 전혀 없음 매우 심함
오늘 내담자가 프로그램 참여 중에 인터넷(인터넷 게임) 용어를 사용했나요?	0 · · · · 1 · · · · 2 · · · · 3 · · · · 4 · · · · 5 전혀 없음 매우 심함

❷ 내담자의 현재 관찰된 기분과 행동을 아래에 표시해 주십시오. (∨)

기분	우울	슬프거나, 울고 싶거나, 기분이 가라앉음
		0 · · · · · 1 · · · · · 2 · · · · · 3 · · · · · 4 · · · · · 5
		전혀 없음　　　　　　　　　　　　　　　　　　　　　매우 심함
	불안	불안하거나, 걱정이 많거나, 예민한 기분
		0 · · · · · 1 · · · · · 2 · · · · · 3 · · · · · 4 · · · · · 5
		전혀 없음　　　　　　　　　　　　　　　　　　　　　매우 심함
행동	산만함	주의 집중이 어렵거나, 한 가지 일을 꾸준하게 하지 못함
		0 · · · · · 1 · · · · · 2 · · · · · 3 · · · · · 4 · · · · · 5
		전혀 없음　　　　　　　　　　　　　　　　　　　　　매우 심함
	공격성	남에게 나쁜 말을 하고 싶거나, 항상 화가 나 있거나, 남을 때리고 싶은 기분
		0 · · · · · 1 · · · · · 2 · · · · · 3 · · · · · 4 · · · · · 5
		전혀 없음　　　　　　　　　　　　　　　　　　　　　매우 심함

체크리스트

❸ 치료자의 의견을 자유롭게 작성해 주십시오.

이번 회기 내담자의 특이사항	
내담자에게 가장 필요한 사항	
기타 의견	

7
회기

갈망 대처법
2

갈망 대처 기술 1
주문 외우기

● 예전에 사람들은 두려우면 노래를 부르거나 주문을 외웠어요.
주문을 외우는 것은 갈망 대처에 효과적인 방법입니다.
게임을 하면 안 된다고 나 스스로를 격려할 때, 떠올리면 도움이 되는 단어
세 가지 이상을 적어 보세요. 그리고 주문을 만들어 외워 보세요.

> ▶ 예) **엄마, 약속, 폐인**…

> ▶ 예) 갈망은 지속되지 않는다. 곧 가라앉는다.

갈망 대처 기술 2

이미지 카드

● 게임 갈망이 들 때 게임하고 싶은 마음을 멈출 수 있는 자기명령문(자기주문 카드)을 직접 만들어 봅시다. 그리고 자기주문을 갖고 다니거나 외우면서 게임 갈망을 조절해 보아요.

예) OO야, 지금 OOOOOO 하면 게임하고 싶은 마음이 사라질 수 있어.

OO야, 지금 OOOOOO 해서 게임하고 싶은 마음을 물리쳐 봐.

점선을 따라 자르세요.

워크북
Stepped
Tailored
Empowerment
Programs

집중개입-외현화 유형 Comprehensive Intervention Level-Externalization Type

갈망 대처 기술 3

마음챙김 명상–보디스캔

● 보디스캔 명상을 해 보니 어떤 느낌이 들었나요?

게임 쉬는 날 계획 세우기

● 돌아오는 한 주간, 언제 게임을 쉴까요? (   )
학교를 마친 후부터 자기 전까지 시간을 어떻게 보낼 것인지 계획을 세워
보아요.

시간	할 일

● 예상되는 방해물은 무엇인가요?

1 _____

2 _____

3 _____

● 어떻게 대처하면 좋을까요? 방법을 구체적으로 적어 보세요.

1 _____

2 _____

3 _____

4 _____

5 _____

내담자

체크리스트

오늘 프로그램에 참여하면서 느낀 점을 각 문항에 따라 대답해 주세요.
최대한 솔직하고 성실한 답변을 부탁드립니다. 대답한 내용은 외부에 유출되지 않으며,
치료 및 연구를 위한 자료로만 사용됩니다. 참여해 주셔서 감사합니다!

❶ 지난 일주일 동안 (오늘을 포함하여) 인터넷(인터넷 게임)을 얼마나 사용했나요? (∨)

빈도	주 1회	주 2~3회	주 4~5회	주 6회 이상	주말만	사용 안 함
평일	1시간 미만 ☐	1~2시간 ☐	2~3시간 ☐	3~4시간 ☐	4~5시간 ☐	5시간 이상
주말	1시간 미만	1~2시간	2~3시간	3~4시간	4~5시간	5시간 이상

❷ 지난 일주일 동안 (오늘을 포함하여) 내가 느낀 기분과 행동을 아래에 각각 표시해 주세요. (∨)

기분	슬프거나, 울고 싶거나, 기분이 가라앉음 0 · · · · · 1 · · · · · 2 · · · · · 3 · · · · · 4 · · · · · 5 전혀 없음 　　　　　　　　　　　　　　　 매우 심함 불안하거나, 걱정이 많거나, 예민한 기분 0 · · · · · 1 · · · · · 2 · · · · · 3 · · · · · 4 · · · · · 5 전혀 없음 　　　　　　　　　　　　　　　 매우 심함
행동	주의 집중이 어렵거나, 한 가지 일을 꾸준하게 하지 못함 0 · · · · · 1 · · · · · 2 · · · · · 3 · · · · · 4 · · · · · 5 전혀 없음 　　　　　　　　　　　　　　　 매우 심함 남에게 나쁜 말을 하고 싶거나, 항상 화가 나 있거나, 남을 때리고 싶은 기분 0 · · · · · 1 · · · · · 2 · · · · · 3 · · · · · 4 · · · · · 5 전혀 없음 　　　　　　　　　　　　　　　 매우 심함

❸ 지난 일주일 동안 (오늘을 포함하여) 가족과의 관계에 대해 아래에 표시해 주세요. (∨)

지난 일주일 동안 가족과의 관계가 어땠나요?	0 · · · · · 1 · · · · · 2 · · · · · 3 · · · · · 4 · · · · · 5 매우 나쁨 　　　　　　　　　　　　　　　　　　　　　매우 좋음
지난 일주일 동안 부모님께 혼나거나 가족과 싸운 적이 있나요?	있음 ☐ (　 회)　 없음 ☐ **위 문항에서 '있음'에 표시한 경우** 혼나거나 싸운 이유가 나의 인터넷(인터넷 게임) 사용 때문이었나요? 　　　　　　**그렇다**　　　　　**아니다**

❹ 현재 나는 인터넷(인터넷 게임) 사용을 얼마나 조절* 할 수 있나요? (∨)
  (＊**조절** : 계획한 시간만 사용하거나, 내가 원하는 때에 그만할 수 있음)

$$0 · · · · · 1 · · · · · 2 · · · · · 3 · · · · · 4 · · · · · 5$$
전혀 못함 　　　　　　　　　　　　　　　　　　　　　매우 잘함

❺ 나의 인터넷(인터넷 게임) 사용 문제가 앞으로 잘 해결될 것이라 생각하나요? (∨)

$$0 · · · · · 1 · · · · · 2 · · · · · 3 · · · · · 4 · · · · · 5$$
전혀 아니다 　　　　　　　　　　　　　　　　　　　　매우 그렇다

❻ 오늘 프로그램 참여에 대해 만족하나요? (∨)

$$0 · · · · · 1 · · · · · 2 · · · · · 3 · · · · · 4 · · · · · 5$$
전혀 아니다 　　　　　　　　　　　　　　　　　　　　매우 그렇다

❼ 오늘 프로그램에 참여하면서 느낀 점을 자유롭게 작성해 주세요.

가장 좋았던 점	
더 필요한 점	

치료자

체크리스트

프로그램 진행과 내담자에 대해 각 문항에 따라 대답해 주십시오.

❶ 이번 회기 프로그램 중 내담자에 대해 아래 질문에 따라 표시해 주십시오. (∨)

오늘 내담자의 전체적인 프로그램 참여 태도는 어땠습니까?	0 · · · · · 1 · · · · · 2 · · · · · 3 · · · · · 4 · · · · · 5 매우 나쁨　　　　　　　　　　　　　　　　　매우 좋음
오늘 내담자가 인터넷(인터넷 게임) 외의 주제에 대해서도 이야기를 잘했나요?	0 · · · · · 1 · · · · · 2 · · · · · 3 · · · · · 4 · · · · · 5 전혀 못함　　　　　　　　　　　　　　　　　매우 잘함
오늘 내담자가 인터넷(인터넷 게임)에 관한 이야기만 했나요?	0 · · · · · 1 · · · · · 2 · · · · · 3 · · · · · 4 · · · · · 5 전혀 없음　　　　　　　　　　　　　　　　　매우 심함
오늘 내담자가 프로그램 참여 중에 인터넷(인터넷 게임) 용어를 사용했나요?	0 · · · · · 1 · · · · · 2 · · · · · 3 · · · · · 4 · · · · · 5 전혀 없음　　　　　　　　　　　　　　　　　매우 심함

❷ 내담자의 현재 관찰된 기분과 행동을 아래에 표시해 주십시오. (∨)

기분	우울	슬프거나, 울고 싶거나, 기분이 가라앉음
		0 · · · · · 1 · · · · · 2 · · · · · 3 · · · · · 4 · · · · · 5
		전혀 없음 매우 심함
	불안	불안하거나, 걱정이 많거나, 예민한 기분
		0 · · · · · 1 · · · · · 2 · · · · · 3 · · · · · 4 · · · · · 5
		전혀 없음 매우 심함
행동	산만함	주의 집중이 어렵거나, 한 가지 일을 꾸준하게 하지 못함
		0 · · · · · 1 · · · · · 2 · · · · · 3 · · · · · 4 · · · · · 5
		전혀 없음 매우 심함
	공격성	남에게 나쁜 말을 하고 싶거나, 항상 화가 나 있거나, 남을 때리고 싶은 기분
		0 · · · · · 1 · · · · · 2 · · · · · 3 · · · · · 4 · · · · · 5
		전혀 없음 매우 심함

❸ 치료자의 의견을 자유롭게 작성해 주십시오.

이번 회기 내담자의 특이사항	
내담자에게 가장 필요한 사항	
기타 의견	

8 회기

갈망 대처법

3

게임 쉬는 날 실천 점검

● 과제를 해 보니 어땠나요? 소감을 말해 보세요.

● 어려움은 없었나요? 있었다면 어떻게 해결하면 좋을까요?

● 새로운 목표와 실천 계획을 세워 보세요.

1

2

3

갈망 대처 기술 4

마음챙김 명상–땅콩 명상

● 땅콩 명상을 해 보니 어떤 느낌이 들었나요?

워크북
Stepped
Tailored
Empowerment
Programs

집중개입-외현화 유형 Comprehensive Intervention Level-Externalization Type

갈망 대처 기술 5

5분을 넘겨라!

● 게임을 하고 싶은 생각이 넘쳐 흐르지만 해선 안 된다고 할 때, 떠올릴 수 있는 생각은 무엇이 있을까요? 게임을 하고 싶은 생각이 들 때, 5분만 넘기면 관심을 다른 곳으로 돌릴 수 있습니다.

▶ 300초 동안 300부터 숫자 거꾸로 세기를 해 볼까요?

지금부터 숫자를 세어 보세요. 과연 성공할 수 있을까요?

수 료 증

중학교   학년   반   번
이름

위 사람은 전 세계적으로 사용되는 인지치료 방법인

① 주문 외우기
② 이미지 카드
③ 보디스캔
④ 땅콩 명상
⑤ 5분을 넘겨라

5가지의 갈망 대처법을 모두 습득하고
자유롭게 사용하게 되었으므로
이 수료증을 드립니다.

년   월   일

센터장

내담자

체크리스트

오늘 프로그램에 참여하면서 느낀 점을 각 문항에 따라 대답해 주세요.
최대한 솔직하고 성실한 답변을 부탁드립니다. 대답한 내용은 외부에 유출되지 않으며,
치료 및 연구를 위한 자료로만 사용됩니다. 참여해 주셔서 감사합니다!

❶ 지난 일주일 동안 (오늘을 포함하여) 인터넷(인터넷 게임)을 얼마나 사용했나요? (∨)

빈도	주 1회	주 2~3회	주 4~5회	주 6회 이상	주말만	사용 안 함
평일	1시간 미만	1~2시간	2~3시간	3~4시간	4~5시간	5시간 이상
주말	1시간 미만	1~2시간	2~3시간	3~4시간	4~5시간	5시간 이상

❷ 지난 일주일 동안 (오늘을 포함하여) 내가 느낀 기분과 행동을 아래에 각각 표시해 주세요. (∨)

기분	슬프거나, 울고 싶거나, 기분이 가라앉음
	0 · · · · 1 · · · · 2 · · · · 3 · · · · 4 · · · · 5
	전혀 없음 ⸻ 매우 심함
	불안하거나, 걱정이 많거나, 예민한 기분
	0 · · · · 1 · · · · 2 · · · · 3 · · · · 4 · · · · 5
	전혀 없음 ⸻ 매우 심함

행동	주의 집중이 어렵거나, 한 가지 일을 꾸준하게 하지 못함
	0 · · · · 1 · · · · 2 · · · · 3 · · · · 4 · · · · 5
	전혀 없음 ⸻ 매우 심함
	남에게 나쁜 말을 하고 싶거나, 항상 화가 나 있거나, 남을 때리고 싶은 기분
	0 · · · · 1 · · · · 2 · · · · 3 · · · · 4 · · · · 5
	전혀 없음 ⸻ 매우 심함

체크리스트

❸ 지난 일주일 동안 (오늘을 포함하여) 가족과의 관계에 대해 아래에 표시해 주세요. (∨)

| 지난 일주일 동안
가족과의 관계가
어땠나요? | 0 · · · · · 1 · · · · · 2 · · · · · 3 · · · · · 4 · · · · · 5
매우 나쁨   매우 좋음 |
| 지난 일주일 동안
부모님께 혼나거나
가족과
싸운 적이 있나요? | 있음 ☐ (회)   없음 ☐

위 문항에서 '있음'에 표시한 경우
혼나거나 싸운 이유가 나의 인터넷(인터넷 게임) 사용 때문이었나요?

                그렇다   아니다 |

❹ 현재 나는 인터넷(인터넷 게임) 사용을 얼마나 조절[*]할 수 있나요? (∨)
　(**＊조절** : 계획한 시간만 사용하거나, 내가 원하는 때에 그만할 수 있음)

0 · · · · · 1 · · · · · 2 · · · · · 3 · · · · · 4 · · · · · 5
전혀 못함 　　　　　　　　　　　　　　　　　　　　　　매우 잘함

❺ 나의 인터넷(인터넷 게임) 사용 문제가 앞으로 잘 해결될 것이라 생각하나요? (∨)

0 · · · · · 1 · · · · · 2 · · · · · 3 · · · · · 4 · · · · · 5
전혀 아니다 　　　　　　　　　　　　　　　　　　　매우 그렇다

❻ 오늘 프로그램 참여에 대해 만족하나요? (∨)

0 · · · · · 1 · · · · · 2 · · · · · 3 · · · · · 4 · · · · · 5
전혀 아니다 　　　　　　　　　　　　　　　　　　　매우 그렇다

❼ 오늘 프로그램에 참여하면서 느낀 점을 자유롭게 작성해 주세요.

가장 좋았던 점	
더 필요한 점	

치료자

체크리스트

프로그램 진행과 내담자에 대해 각 문항에 따라 대답해 주십시오.

❶ 이번 회기 프로그램 중 내담자에 대해 아래 질문에 따라 표시해 주십시오. (∨)

오늘 내담자의 전체적인 프로그램 참여 태도는 어땠습니까?	0 · · · · · 1 · · · · · 2 · · · · · 3 · · · · · 4 · · · · · 5 매우 나쁨　　　　　　　　　　　　　　　　　매우 좋음
오늘 내담자가 인터넷(인터넷 게임) 외의 주제에 대해서도 이야기를 잘했나요?	0 · · · · · 1 · · · · · 2 · · · · · 3 · · · · · 4 · · · · · 5 전혀 못함　　　　　　　　　　　　　　　　　매우 잘함
오늘 내담자가 인터넷(인터넷 게임)에 관한 이야기만 했나요?	0 · · · · · 1 · · · · · 2 · · · · · 3 · · · · · 4 · · · · · 5 전혀 없음　　　　　　　　　　　　　　　　　매우 심함
오늘 내담자가 프로그램 참여 중에 인터넷(인터넷 게임) 용어를 사용했나요?	0 · · · · · 1 · · · · · 2 · · · · · 3 · · · · · 4 · · · · · 5 전혀 없음　　　　　　　　　　　　　　　　　매우 심함

❷ 내담자의 현재 관찰된 기분과 행동을 아래에 표시해 주십시오. (∨)

기분	우울	슬프거나, 울고 싶거나, 기분이 가라앉음
		0 · · · · · 1 · · · · · 2 · · · · · 3 · · · · · 4 · · · · · 5 전혀 없음 매우 심함
	불안	불안하거나, 걱정이 많거나, 예민한 기분
		0 · · · · · 1 · · · · · 2 · · · · · 3 · · · · · 4 · · · · · 5 전혀 없음 매우 심함
행동	산만함	주의 집중이 어렵거나, 한 가지 일을 꾸준하게 하지 못함
		0 · · · · · 1 · · · · · 2 · · · · · 3 · · · · · 4 · · · · · 5 전혀 없음 매우 심함
	공격성	남에게 나쁜 말을 하고 싶거나, 항상 화가 나 있거나, 남을 때리고 싶은 기분
		0 · · · · · 1 · · · · · 2 · · · · · 3 · · · · · 4 · · · · · 5 전혀 없음 매우 심함

❸ 치료자의 의견을 자유롭게 작성해 주십시오.

이번 회기 내담자의 특이사항	
내담자에게 가장 필요한 사항	
기타 의견	

9 회기

심심한 시간
대처법

워크북
Stepped
Tailored
Empowerment
Programs

집중개입-외현화 유형 Comprehensive Intervention Level-Externalization Type

게임 쉬는 날 실천 점검

● 과제를 해 보니 어땠나요? 소감을 말해 보세요.

● 어려움은 없었나요? 있었다면 어떻게 해결하면 좋을까요?

● 새로운 목표와 실천 계획을 세워 보세요.

1

2

3

게임 사용 기록표

– 게임 안 하는 하루를 어떻게 보낼지 계획을 세워 볼까요?
– 또한 게임을 하지 않는 여가 시간에는 무엇을 할지 적어 볼까요?

요일 날짜	월	화	수	목	금	토	일
오전 6~7							
7~8							
8~9							
9~10							
10~11							
11~12							
오후 12~1							
1~2							
2~3							
3~4							
4~5							
5~6							
6~7							
7~8							
8~9							
9~10							
10~11							
11~12							
오전 12~1							
1~2							
2~3							
3~4							
4~5							
5~6							

이럴 때 심심해요

● 가장 심심한 시간은 언제인가요?

많이 심심해요	
점	
점	
점	
점	
조금 심심해요 점	

즐거움 온도계

- 즐거운 활동들을 '즐거움 온도계'에 표시해 보아요.
  가장 즐거운 활동과 그렇지 않은 활동은 무엇인가요?

100

90

80

70

60

50

40

30

20

10

0

즐거움
온도계

여가활동 목록

1	산책하기(혼자서 혹은 친구, 가족과 함께)	2	음악 듣기
3	독서하기(소설, 만화책, 수필, 시 등)	4	보드게임하기(젠가, 퍼즐 맞추기 등)
5	운동하기(요가, 조깅, 테니스, 태권도, 축구, 자전거 타기 등)	6	운동 배우기
7	애완동물 보살피기	8	잡지 및 신문 보기
9	영화 보기	10	책상 정리하기 및 방 청소하기
11	노래 부르기	12	춤 추기
13	그림 그리기	14	잠자기
15	십자수 및 뜨개질하기	16	악기 연주하기 혹은 배우기
17	요리하기	18	빵이나 쿠키 만들기
19	공부하기	20	라디오 듣기
21	오래전에 연락했던 친구에게 연락하기	22	가족과 함께 여러 주제로 대화 나누기
23	가고 싶은 나라에 대해 알아보기	24	가족과의 여행 계획 세우기
25	만들기 하기	26	사진 찍는 것 배우기
27	이성친구 만나기	28	즐거운 기억을 생각해 보기
29	봉사활동하기	30	수집활동하기
31	부모님 안마해 드리기	32	바둑, 장기 두기
33	미술관, 음악회 가기	34	집에 있는 식물 가꾸기
35	소장하고 있는 옷으로 코디해 보기	36	자신의 자서전 써 보기
37	명상하기		

즐거운 활동 계획 세우기

 ➡

 언제?

 어떻게?

 방해물은?
해결 방법은?

 ➡

 언제?

 어떻게?

 방해물은?
해결 방법은?

워크북
Stepped
Tailored
Empowerment
Programs

집중개입-외현화 유형 Comprehensive Intervention Level-Externalization Type

활동 3 ➡

 언제?

 어떻게?

 방해물은?
해결 방법은?

내담자

체크리스트

오늘 프로그램에 참여하면서 느낀 점을 각 문항에 따라 대답해 주세요.
최대한 솔직하고 성실한 답변을 부탁드립니다. 대답한 내용은 외부에 유출되지 않으며,
치료 및 연구를 위한 자료로만 사용됩니다. 참여해 주셔서 감사합니다!

❶ 지난 일주일 동안 (오늘을 포함하여) 인터넷(인터넷 게임)을 얼마나 사용했나요? (∨)

빈도	주 1회	주 2~3회	주 4~5회	주 6회 이상	주말만	사용 안 함
평일	1시간 미만	1~2시간	2~3시간	3~4시간	4~5시간	5시간 이상
주말	1시간 미만	1~2시간	2~3시간	3~4시간	4~5시간	5시간 이상

❷ 지난 일주일 동안 (오늘을 포함하여) 내가 느낀 기분과 행동을 아래에 각각 표시해 주세요. (∨)

기분	슬프거나, 울고 싶거나, 기분이 가라앉음
	0 · · · · 1 · · · · 2 · · · · 3 · · · · 4 · · · · 5 전혀 없음 매우 심함
	불안하거나, 걱정이 많거나, 예민한 기분
	0 · · · · 1 · · · · 2 · · · · 3 · · · · 4 · · · · 5 전혀 없음 매우 심함
행동	주의 집중이 어렵거나, 한 가지 일을 꾸준하게 하지 못함
	0 · · · · 1 · · · · 2 · · · · 3 · · · · 4 · · · · 5 전혀 없음 매우 심함
	남에게 나쁜 말을 하고 싶거나, 항상 화가 나 있거나, 남을 때리고 싶은 기분
	0 · · · · 1 · · · · 2 · · · · 3 · · · · 4 · · · · 5 전혀 없음 매우 심함

체크리스트

❸ 지난 일주일 동안 (오늘을 포함하여) 가족과의 관계에 대해 아래에 표시해 주세요. (∨)

지난 일주일 동안 가족과의 관계가 어땠나요?	0 · · · · · 1 · · · · · 2 · · · · · 3 · · · · · 4 · · · · · 5 매우 나쁨 　　　　　　　　　　　　　　　　　　　　　매우 좋음
지난 일주일 동안 부모님께 혼나거나 가족과 싸운 적이 있나요?	있음 □ (　 회) 없음 □ **위 문항에서 '있음'에 표시한 경우** 혼나거나 싸운 이유가 나의 인터넷(인터넷 게임) 사용 때문이었나요? 　　　　**그렇다**　　　　　　**아니다**

❹ 현재 나는 인터넷(인터넷 게임) 사용을 얼마나 조절*할 수 있나요? (∨)
　(**＊조절**: 계획한 시간만 사용하거나, 내가 원하는 때에 그만할 수 있음)

　　　　　　0 · · · · · 1 · · · · · 2 · · · · · 3 · · · · · 4 · · · · · 5
　　　　　　　전혀 못함　　　　　　　　　　　　　　　　　매우 잘함

❺ 나의 인터넷(인터넷 게임) 사용 문제가 앞으로 잘 해결될 것이라 생각하나요? (∨)

　　　　　　0 · · · · · 1 · · · · · 2 · · · · · 3 · · · · · 4 · · · · · 5
　　　　　　　전혀 아니다　　　　　　　　　　　　　　　　매우 그렇다

❻ 오늘 프로그램 참여에 대해 만족하나요? (∨)

　　　　　　0 · · · · · 1 · · · · · 2 · · · · · 3 · · · · · 4 · · · · · 5
　　　　　　　전혀 아니다　　　　　　　　　　　　　　　　매우 그렇다

❼ 오늘 프로그램에 참여하면서 느낀 점을 자유롭게 작성해 주세요.

가장 좋았던 점	
더 필요한 점	

치료자

체크리스트

프로그램 진행과 내담자에 대해 각 문항에 따라 대답해 주십시오.

❶ 이번 회기 프로그램 중 내담자에 대해 아래 질문에 따라 표시해 주십시오. (∨)

오늘 내담자의 전체적인 프로그램 참여 태도는 어땠습니까?	0 · · · · 1 · · · · 2 · · · · 3 · · · · 4 · · · · 5 매우 나쁨　　　　　　　　　　　　　　　　매우 좋음
오늘 내담자가 인터넷(인터넷 게임) 외의 주제에 대해서도 이야기를 잘했나요?	0 · · · · 1 · · · · 2 · · · · 3 · · · · 4 · · · · 5 전혀 못함　　　　　　　　　　　　　　　　매우 잘함
오늘 내담자가 인터넷(인터넷 게임)에 관한 이야기만 했나요?	0 · · · · 1 · · · · 2 · · · · 3 · · · · 4 · · · · 5 전혀 없음　　　　　　　　　　　　　　　　매우 심함
오늘 내담자가 프로그램 참여 중에 인터넷(인터넷 게임) 용어를 사용했나요?	0 · · · · 1 · · · · 2 · · · · 3 · · · · 4 · · · · 5 전혀 없음　　　　　　　　　　　　　　　　매우 심함

❷ 내담자의 현재 관찰된 기분과 행동을 아래에 표시해 주십시오. (∨)

기분	우울	슬프거나, 울고 싶거나, 기분이 가라앉음
		0 · · · · · 1 · · · · · 2 · · · · · 3 · · · · · 4 · · · · · 5
		전혀 없음 매우 심함
	불안	불안하거나, 걱정이 많거나, 예민한 기분
		0 · · · · · 1 · · · · · 2 · · · · · 3 · · · · · 4 · · · · · 5
		전혀 없음 매우 심함
행동	산만함	주의 집중이 어렵거나, 한 가지 일을 꾸준하게 하지 못함
		0 · · · · · 1 · · · · · 2 · · · · · 3 · · · · · 4 · · · · · 5
		전혀 없음 매우 심함
	공격성	남에게 나쁜 말을 하고 싶거나, 항상 화가 나 있거나, 남을 때리고 싶은 기분
		0 · · · · · 1 · · · · · 2 · · · · · 3 · · · · · 4 · · · · · 5
		전혀 없음 매우 심함

❸ 치료자의 의견을 자유롭게 작성해 주십시오.

이번 회기 내담자의 특이사항	
내담자에게 가장 필요한 사항	
기타 의견	

10 회기

분노 조절 대처법

1

게임 쉬는 날 실천 점검

● 과제를 해 보니 어땠나요? 소감을 말해 보세요.

● 어려움은 없었나요? 있었다면 어떻게 해결하면 좋을까요?

● 새로운 목표와 실천 계획을 세워 보세요.

1

2

3

분노 파악하기

● 가장 짜증나고 힘든 상황은 무엇인가요?

_____

_____

_____

_____

● 어떤 상황에서 주로 화가 나나요?

_____

_____

_____

_____

_____

● 주로 화가 날 때는 어떻게 표현하나요? 그 방법은 효과적이었나요?

_____

_____

_____

_____

_____

_____

● 화가 났을 때 기분 전환방법은 무엇인가요?

_____

_____

_____

_____

_____

나의 분노 스타일은?

● 너무 심각하게 고려하지 말고 빠른 시간 안에 예, 아니요로 답해 주세요.

1	나는 결코 화내지 않는다.	2	다른 사람이 화낼 때 짜증이 난다.
3	화를 내는 것은 나쁜 일이라고 생각한다.	4	나는 사람들이 원하는 것을 하겠다고 말하지만 자주 잊곤 한다.
5	나는 종종 "나중에 할게", "알았어, 근데…."라고 말하곤 한다.	6	사람들은 나에게 화났다고 말하지만, 나는 화날 이유가 없다.
7	나는 특별한 이유 없이 질투가 날 때가 있곤 한다.	8	나는 사람들을 믿을 수가 없다.
9	나는 종종 사람들이 나를 따돌린다고 느낀다.	10	나는 나도 모르는 사이에 화가 치밀어 오른다.
11	화났을 때 생각하기보다 행동이 앞선다.	12	폭발한 후에야 화가 가라앉는다.
13	사람들이 나를 비판하면 화가 난다.	14	사람들은 내가 예민하고 상처받기 쉬운 사람이라고 평한다.
15	나 자신에 관해 나쁘게 느껴지면 화가 난다.	16	내가 원하는 것을 얻기 위해 거의 미친다.
17	내가 화가 나면 사람들이 위협감을 느낀다.	18	내가 만족할 때까지 미친 척 화를 낼 수 있다.
19	때때로 나는 흥분하기 위해 화를 낸다.	20	화를 내면 내가 더 강해지는 느낌이다.
21	화를 내면 통제가 불가능하다.	22	나는 거의 하루 종일 화나 있다.
23	습관의 하나처럼 화를 상당히 많이 낸다.	24	어떤 일이 일어날지 생각하지 않으면 미칠 지경에 이른다.
25	내 생각을 변호할 때 화가 난다.	26	다른 사람들이 적당히 벌을 받으면 화가 폭발한다.
27	나는 내 주장이 옳다는 것을 항상 알고 있다.	28	나는 장시간 화가 난 상태에 머물러 있다.
29	나는 다른 사람을 용서하기가 힘들다.	30	나는 다른 사람들이 나에게 행한 것으로 인하여 그들을 증오한다.

출처 : 화 분노에서 벗어나기(2004), Ron · Pat Potter Efron 저, 석태기 역, 눈과 마음

나는 이럴 때 화가 많이 나는 사람이에요!

- 10가지 분노 스타일 중 나는?

내담자

체크리스트

오늘 프로그램에 참여하면서 느낀 점을 각 문항에 따라 대답해 주세요.
최대한 솔직하고 성실한 답변을 부탁드립니다. 대답한 내용은 외부에 유출되지 않으며,
치료 및 연구를 위한 자료로만 사용됩니다. 참여해 주셔서 감사합니다!

❶ 지난 일주일 동안 (오늘을 포함하여) 인터넷(인터넷 게임)을 얼마나 사용했나요? (∨)

빈도	주 1회	주 2~3회	주 4~5회	주 6회 이상	주말만	사용 안 함
평일	1시간 미만 ☐	1~2시간 ☐	2~3시간 ☐	3~4시간 ☐	4~5시간 ☐	5시간 이상 ☐
주말	1시간 미만	1~2시간	2~3시간	3~4시간	4~5시간	5시간 이상

❷ 지난 일주일 동안 (오늘을 포함하여) 내가 느낀 기분과 행동을 아래에 각각 표시해 주세요. (∨)

기분	슬프거나, 울고 싶거나, 기분이 가라앉음
	0 · · · · 1 · · · · 2 · · · · 3 · · · · 4 · · · · 5
	전혀 없음　　　　　　　　　　　　　　　　매우 심함
	불안하거나, 걱정이 많거나, 예민한 기분
	0 · · · · 1 · · · · 2 · · · · 3 · · · · 4 · · · · 5
	전혀 없음　　　　　　　　　　　　　　　　매우 심함
행동	주의 집중이 어렵거나, 한 가지 일을 꾸준하게 하지 못함
	0 · · · · 1 · · · · 2 · · · · 3 · · · · 4 · · · · 5
	전혀 없음　　　　　　　　　　　　　　　　매우 심함
	남에게 나쁜 말을 하고 싶거나, 항상 화가 나 있거나, 남을 때리고 싶은 기분
	0 · · · · 1 · · · · 2 · · · · 3 · · · · 4 · · · · 5
	전혀 없음　　　　　　　　　　　　　　　　매우 심함

❸ 지난 일주일 동안 (오늘을 포함하여) 가족과의 관계에 대해 아래에 표시해 주세요. (∨)

| 지난 일주일 동안 가족과의 관계가 어땠나요? | 0 · · · · · · 1 · · · · 2 · · · · · 3 · · · · · 4 · · · · · 5
매우 나쁨   매우 좋음 |
| 지난 일주일 동안 부모님께 혼나거나 가족과 싸운 적이 있나요? | 있음 ☐ (회)   없음 ☐

위 문항에서 '있음'에 표시한 경우
혼나거나 싸운 이유가 나의 인터넷(인터넷 게임) 사용 때문이었나요?

          그렇다   **아니다** |

❹ 현재 나는 인터넷(인터넷 게임) 사용을 얼마나 조절*할 수 있나요? (∨)
   (*조절 : 계획한 시간만 사용하거나, 내가 원하는 때에 그만할 수 있음)

0 · · · · · 1 · · · · · 2 · · · · · 3 · · · · · 4 · · · · · 5
전혀 못함   매우 잘함

❺ 나의 인터넷(인터넷 게임) 사용 문제가 앞으로 잘 해결될 것이라 생각하나요? (∨)

0 · · · · · 1 · · · · · 2 · · · · · 3 · · · · · 4 · · · · · 5
전혀 아니다   매우 그렇다

❻ 오늘 프로그램 참여에 대해 만족하나요? (∨)

0 · · · · · 1 · · · · · 2 · · · · · 3 · · · · · 4 · · · · · 5
전혀 아니다   매우 그렇다

❼ 오늘 프로그램에 참여하면서 느낀 점을 자유롭게 작성해 주세요.

가장 좋았던 점	
더 필요한 점	

치료자

체크리스트

프로그램 진행과 내담자에 대해 각 문항에 따라 대답해 주십시오.

❶ 이번 회기 프로그램 중 내담자에 대해 아래 질문에 따라 표시해 주십시오. (∨)

오늘 내담자의 전체적인 프로그램 참여 태도는 어땠습니까?	0 · · · · · 1 · · · · · 2 · · · · · 3 · · · · · 4 · · · · · 5 매우 나쁨 매우 좋음
오늘 내담자가 인터넷(인터넷 게임) 외의 주제에 대해서도 이야기를 잘했나요?	0 · · · · · 1 · · · · · 2 · · · · · 3 · · · · · 4 · · · · · 5 전혀 못함 매우 잘함
오늘 내담자가 인터넷(인터넷 게임)에 관한 이야기만 했나요?	0 · · · · · 1 · · · · · 2 · · · · · 3 · · · · · 4 · · · · · 5 전혀 없음 매우 심함
오늘 내담자가 프로그램 참여 중에 인터넷(인터넷 게임) 용어를 사용했나요?	0 · · · · · 1 · · · · · 2 · · · · · 3 · · · · · 4 · · · · · 5 전혀 없음 매우 심함

❷ 내담자의 현재 관찰된 기분과 행동을 아래에 표시해 주십시오. (∨)

기분	우울	슬프거나, 울고 싶거나, 기분이 가라앉음
		0 · · · · · 1 · · · · · 2 · · · · · 3 · · · · · 4 · · · · · 5
		전혀 없음 　　　　　　　　　　　　　　　　　　　　　　매우 심함
	불안	불안하거나, 걱정이 많거나, 예민한 기분
		0 · · · · · 1 · · · · · 2 · · · · · 3 · · · · · 4 · · · · · 5
		전혀 없음 　　　　　　　　　　　　　　　　　　　　　　매우 심함
행동	산만함	주의 집중이 어렵거나, 한 가지 일을 꾸준하게 하지 못함
		0 · · · · · 1 · · · · · 2 · · · · · 3 · · · · · 4 · · · · · 5
		전혀 없음 　　　　　　　　　　　　　　　　　　　　　　매우 심함
	공격성	남에게 나쁜 말을 하고 싶거나, 항상 화가 나 있거나, 남을 때리고 싶은 기분
		0 · · · · · 1 · · · · · 2 · · · · · 3 · · · · · 4 · · · · · 5
		전혀 없음 　　　　　　　　　　　　　　　　　　　　　　매우 심함

❸ 치료자의 의견을 자유롭게 작성해 주십시오.

이번 회기 내담자의 특이사항	
내담자에게 가장 필요한 사항	
기타 의견	

11회기

분노 조절 대처법
2

게임 쉬는 날 실천 점검

● 과제를 해 보니 어땠나요? 소감을 말해 보세요.

● 어려움은 없었나요? 있었다면 어떻게 해결하면 좋을까요?

● 새로운 목표와 실천 계획을 세워 보세요.

1

2

3

분노지도 그리기

▶ 분노보다 앞서 나타나는 느낌

▶ 촉발사고

▶ 분노의 느낌

▶ 행동하려는 충동

▶ 분노행동

워크북
Stepped
Tailored
Empowerment
Programs

집중개입-외현화 유형 Comprehensive Intervention Level-Externalization Type

분노 대처 요령

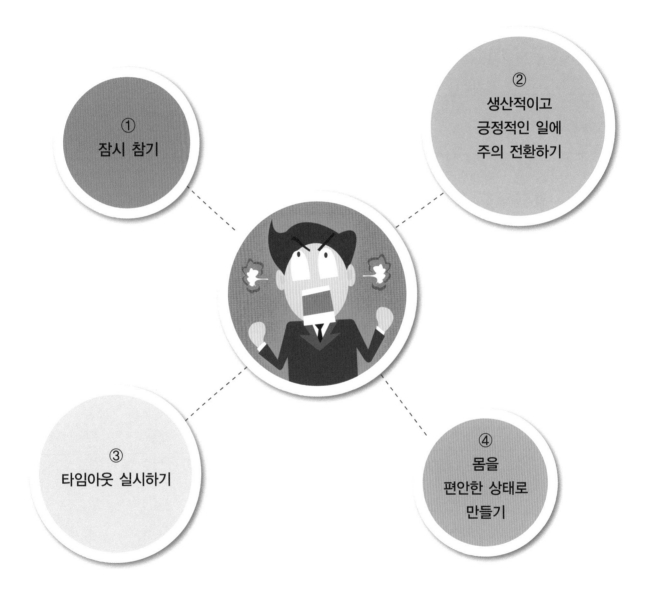

①
잠시 참기

②
생산적이고
긍정적인 일에
주의 전환하기

③
타임아웃 실시하기

④
몸을
편안한 상태로
만들기

내담자

체크리스트

오늘 프로그램에 참여하면서 느낀 점을 각 문항에 따라 대답해 주세요.
최대한 솔직하고 성실한 답변을 부탁드립니다. 대답한 내용은 외부에 유출되지 않으며,
치료 및 연구를 위한 자료로만 사용됩니다. 참여해 주셔서 감사합니다!

❶ 지난 일주일 동안 (오늘을 포함하여) 인터넷(인터넷 게임)을 얼마나 사용했나요? (∨)

빈도	주 1회	주 2~3회	주 4~5회	주 6회 이상	주말만	사용 안 함
평일	1시간 미만	1~2시간	2~3시간	3~4시간	4~5시간	5시간 이상
주말	1시간 미만	1~2시간	2~3시간	3~4시간	4~5시간	5시간 이상

❷ 지난 일주일 동안 (오늘을 포함하여) 내가 느낀 기분과 행동을 아래에 각각 표시해 주세요. (∨)

기분	슬프거나, 울고 싶거나, 기분이 가라앉음 0 · · · · · 1 · · · · · 2 · · · · · 3 · · · · · 4 · · · · · 5 전혀 없음　　　　　　　　　　　　　　　　　매우 심함 불안하거나, 걱정이 많거나, 예민한 기분 0 · · · · · 1 · · · · · 2 · · · · · 3 · · · · · 4 · · · · · 5 전혀 없음　　　　　　　　　　　　　　　　　매우 심함
행동	주의 집중이 어렵거나, 한 가지 일을 꾸준하게 하지 못함 0 · · · · · 1 · · · · · 2 · · · · · 3 · · · · · 4 · · · · · 5 전혀 없음　　　　　　　　　　　　　　　　　매우 심함 남에게 나쁜 말을 하고 싶거나, 항상 화가 나 있거나, 남을 때리고 싶은 기분 0 · · · · · 1 · · · · · 2 · · · · · 3 · · · · · 4 · · · · · 5 전혀 없음　　　　　　　　　　　　　　　　　매우 심함

체크리스트

❸ 지난 일주일 동안 (오늘을 포함하여) 가족과의 관계에 대해 아래에 표시해 주세요. (∨)

지난 일주일 동안 가족과의 관계가 어땠나요?	0 · · · · · 1 · · · · · 2 · · · · · 3 · · · · · 4 · · · · · 5 매우 나쁨 매우 좋음
지난 일주일 동안 부모님께 혼나거나 가족과 싸운 적이 있나요?	있음 [ ] (회) 없음 [ ] **위 문항에서 '있음'에 표시한 경우** 혼나거나 싸운 이유가 나의 인터넷(인터넷 게임) 사용 때문이었나요? **그렇다 아니다**

❹ 현재 나는 인터넷(인터넷 게임) 사용을 얼마나 조절[*] 할 수 있나요? (∨)
 (**＊조절** : 계획한 시간만 사용하거나, 내가 원하는 때에 그만할 수 있음)

0 · · · · · 1 · · · · · 2 · · · · · 3 · · · · · 4 · · · · · 5
전혀 못함   매우 잘함

❺ 나의 인터넷(인터넷 게임) 사용 문제가 앞으로 잘 해결될 것이라 생각하나요? (∨)

0 · · · · · 1 · · · · · 2 · · · · · 3 · · · · · 4 · · · · · 5
전혀 아니다   매우 그렇다

❻ 오늘 프로그램 참여에 대해 만족하나요? (∨)

0 · · · · · 1 · · · · · 2 · · · · · 3 · · · · · 4 · · · · · 5
전혀 아니다   매우 그렇다

❼ 오늘 프로그램에 참여하면서 느낀 점을 자유롭게 작성해 주세요.

가장 좋았던 점	
더 필요한 점	

체크리스트

프로그램 진행과 내담자에 대해 각 문항에 따라 대답해 주십시오.

❶ 이번 회기 프로그램 중 내담자에 대해 아래 질문에 따라 표시해 주십시오. (∨)

오늘 내담자의 전체적인 프로그램 참여 태도는 어땠습니까?	0 · · · · · 1 · · · · · 2 · · · · · 3 · · · · · 4 · · · · · 5 매우 나쁨　　　　　　　　　　　　　　　　　매우 좋음
오늘 내담자가 인터넷(인터넷 게임) 외의 주제에 대해서도 이야기를 잘했나요?	0 · · · · · 1 · · · · · 2 · · · · · 3 · · · · · 4 · · · · · 5 전혀 못함　　　　　　　　　　　　　　　　　매우 잘함
오늘 내담자가 인터넷(인터넷 게임)에 관한 이야기만 했나요?	0 · · · · · 1 · · · · · 2 · · · · · 3 · · · · · 4 · · · · · 5 전혀 없음　　　　　　　　　　　　　　　　　매우 심함
오늘 내담자가 프로그램 참여 중에 인터넷(인터넷 게임) 용어를 사용했나요?	0 · · · · · 1 · · · · · 2 · · · · · 3 · · · · · 4 · · · · · 5 전혀 없음　　　　　　　　　　　　　　　　　매우 심함

체크리스트

❷ 내담자의 현재 관찰된 기분과 행동을 아래에 표시해 주십시오. (∨)

기분	우울	슬프거나, 울고 싶거나, 기분이 가라앉음
		0 · · · · · 1 · · · · · 2 · · · · · 3 · · · · · 4 · · · · · 5
		전혀 없음 매우 심함
	불안	불안하거나, 걱정이 많거나, 예민한 기분
		0 · · · · · 1 · · · · · 2 · · · · · 3 · · · · · 4 · · · · · 5
		전혀 없음 매우 심함
행동	산만함	주의 집중이 어렵거나, 한 가지 일을 꾸준하게 하지 못함
		0 · · · · · 1 · · · · · 2 · · · · · 3 · · · · · 4 · · · · · 5
		전혀 없음 매우 심함
	공격성	남에게 나쁜 말을 하고 싶거나, 항상 화가 나 있거나, 남을 때리고 싶은 기분
		0 · · · · · 1 · · · · · 2 · · · · · 3 · · · · · 4 · · · · · 5
		전혀 없음 매우 심함

❸ 치료자의 의견을 자유롭게 작성해 주십시오.

이번 회기 내담자의 특이사항	
내담자에게 가장 필요한 사항	
기타 의견	

12 회기

중독폐해
이해하기

게임 쉬는 날 실천 점검

● 과제를 해 보니 어땠나요? 소감을 말해 보세요.

● 어려움은 없었나요? 있었다면 어떻게 해결하면 좋을까요?

● 새로운 목표와 실천 계획을 세워 보세요.

1

2

3

중독된 뇌

ACG
OFC
DLPFC
NAc
Amygdala
Hippocampus

뇌에 포만/섭식중추가 있듯이 쾌락중추가 있다. 사람의 뇌에서 중뇌에 위치한 복측 피개영역(VTA)과 전두엽의 내측 전전두엽, 중격측좌핵으로 이루어진 신경망이며 이를 보상회로 또는 일명 쾌락중추라 부른다.

게임 중독자에게 게임 사진을 보여 주고 뇌의 반응을 조사한 사진

정상인에 비하여 우측 안와전두피질, 우측 측좌핵, 양쪽 앞쪽 대상피질, 내측전두엽피질 우측 배외측 전두피질 등에서 활성도가 차이가 나게 증가하였다. 이 부위는 알코올이나 마약 중독자에게 술 또는 마약 사진을 보여 주었을 때 활성화되는 뇌 부위와 유사하다.

온라인 게임 중독자의 뇌는 프로게이머의 뇌와 다르다.

프로게이머에서 앞쪽 대상피질이 중독자에 비하여 월등히 커져 있었다. 이 부위는 통제력을 담당하는 곳으로 프로게이머는 게임도 공부처럼 자신의 계획하에 통제력을 갖고 훈련한 결과로 이루어 낸 업적이라는 것을 의미한다. 동일하게 오랜 시간 동안 게임을 했다 하더라도 막무가내로 순간의 쾌락을 위해 게임을 한 사람은 결국 게임의 노예가 될 수 있음을 시사한다.

– Ko et al., Journal of Psychiatric Research 43, 739–747, 20090에서 발췌

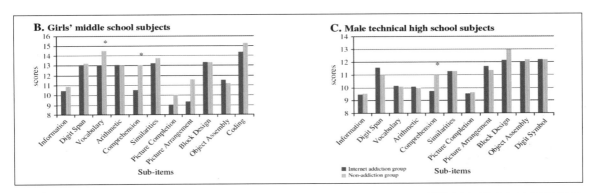

인터넷에 중독된 청소년들은 지능이 5 정도 낮다.

서울 소재 중·고등학교 642명을 대상으로 조사한 결과 인터넷에 중독된 59명의 지능지수가 일반학생보다 5점 낮았으며 어휘, 수리 능력도 저하된 것으로 나타났다.

– Park MH et al., Preliminary study of internet addiction and cognitive function in adolescents based on IQ tests, Psychiatry Res., 30: 190(2–3): 275–81, 2011에서 발췌

친구에게 편지 쓰기

● 게임에 심각하게 중독되어 많은 문제가 있음에도 불구하고
계속 하고 있는 친구에게 편지를 써 볼까요?

내담자

체크리스트

오늘 프로그램에 참여하면서 느낀 점을 각 문항에 따라 대답해 주세요.
최대한 솔직하고 성실한 답변을 부탁드립니다. 대답한 내용은 외부에 유출되지 않으며,
치료 및 연구를 위한 자료로만 사용됩니다. 참여해 주셔서 감사합니다!

❶ 지난 일주일 동안 (오늘을 포함하여) 인터넷(인터넷 게임)을 얼마나 사용했나요? (∨)

빈도	주 1회	주 2~3회	주 4~5회	주 6회 이상	주말만	사용 안 함
평일	1시간 미만 ☐	1~2시간 ☐	2~3시간 ☐	3~4시간 ☐	4~5시간 ☐	5시간 이상 ☐
주말	1시간 미만	1~2시간	2~3시간	3~4시간	4~5시간	5시간 이상

❷ 지난 일주일 동안 (오늘을 포함하여) 내가 느낀 기분과 행동을 아래에 각각 표시해 주세요. (∨)

기분	슬프거나, 울고 싶거나, 기분이 가라앉음 0 · · · · · 1 · · · · · 2 · · · · · 3 · · · · · 4 · · · · · 5 전혀 없음　　　　　　　　　　　　　　　　매우 심함 불안하거나, 걱정이 많거나, 예민한 기분 0 · · · · · 1 · · · · · 2 · · · · · 3 · · · · · 4 · · · · · 5 전혀 없음　　　　　　　　　　　　　　　　매우 심함
행동	주의 집중이 어렵거나, 한 가지 일을 꾸준하게 하지 못함 0 · · · · · 1 · · · · · 2 · · · · · 3 · · · · · 4 · · · · · 5 전혀 없음　　　　　　　　　　　　　　　　매우 심함 남에게 나쁜 말을 하고 싶거나, 항상 화가 나 있거나, 남을 때리고 싶은 기분 0 · · · · · 1 · · · · · 2 · · · · · 3 · · · · · 4 · · · · · 5 전혀 없음　　　　　　　　　　　　　　　　매우 심함

❸ 지난 일주일 동안 (오늘을 포함하여) 가족과의 관계에 대해 아래에 표시해 주세요. (∨)

지난 일주일 동안 가족과의 관계가 어땠나요?	0 · · · · · 1 · · · · · 2 · · · · · 3 · · · · · 4 · · · · · 5 매우 나쁨 　　　　　　　　　　　　　　　　　매우 좋음
지난 일주일 동안 부모님께 혼나거나 가족과 싸운 적이 있나요?	있음 [　] (　　회)　　없음 [　] **위 문항에서 '있음'에 표시한 경우** 혼나거나 싸운 이유가 나의 인터넷(인터넷 게임) 사용 때문이었나요? 　　　　　**그렇다**　　　　　　**아니다**

❹ 현재 나는 인터넷(인터넷 게임) 사용을 얼마나 조절*할 수 있나요? (∨)
　(＊**조절** : 계획한 시간만 사용하거나, 내가 원하는 때에 그만할 수 있음)

　　　　0 · · · · · 1 · · · · · 2 · · · · · 3 · · · · · 4 · · · · · 5
　　　전혀 못함　　　　　　　　　　　　　　　　매우 잘함

❺ 나의 인터넷(인터넷 게임) 사용 문제가 앞으로 잘 해결될 것이라 생각하나요? (∨)

　　　　0 · · · · · 1 · · · · · 2 · · · · · 3 · · · · · 4 · · · · · 5
　　　전혀 아니다　　　　　　　　　　　　　　매우 그렇다

❻ 오늘 프로그램 참여에 대해 만족하나요? (∨)

　　　　0 · · · · · 1 · · · · · 2 · · · · · 3 · · · · · 4 · · · · · 5
　　　전혀 아니다　　　　　　　　　　　　　　매우 그렇다

❼ 오늘 프로그램에 참여하면서 느낀 점을 자유롭게 작성해 주세요.

가장 좋았던 점	
더 필요한 점	

치료자

체크리스트

프로그램 진행과 내담자에 대해 각 문항에 따라 대답해 주십시오.

❶ 이번 회기 프로그램 중 내담자에 대해 아래 질문에 따라 표시해 주십시오. (∨)

오늘 내담자의 전체적인 프로그램 참여 태도는 어땠습니까?	0 · · · · · 1 · · · · · 2 · · · · · 3 · · · · · 4 · · · · · 5 매우 나쁨 매우 좋음
오늘 내담자가 인터넷(인터넷 게임) 외의 주제에 대해서도 이야기를 잘했나요?	0 · · · · · 1 · · · · · 2 · · · · · 3 · · · · · 4 · · · · · 5 전혀 못함 매우 잘함
오늘 내담자가 인터넷(인터넷 게임)에 관한 이야기만 했나요?	0 · · · · · 1 · · · · · 2 · · · · · 3 · · · · · 4 · · · · · 5 전혀 없음 매우 심함
오늘 내담자가 프로그램 참여 중에 인터넷(인터넷 게임) 용어를 사용했나요?	0 · · · · · 1 · · · · · 2 · · · · · 3 · · · · · 4 · · · · · 5 전혀 없음 매우 심함

❷ 내담자의 현재 관찰된 기분과 행동을 아래에 표시해 주십시오. (∨)

기분	우울	슬프거나, 울고 싶거나, 기분이 가라앉음
		0 · · · · · 1 · · · · · 2 · · · · · 3 · · · · · 4 · · · · · 5
		전혀 없음　　　　　　　　　　　　　　　　　　　　　　매우 심함
	불안	불안하거나, 걱정이 많거나, 예민한 기분
		0 · · · · · 1 · · · · · 2 · · · · · 3 · · · · · 4 · · · · · 5
		전혀 없음　　　　　　　　　　　　　　　　　　　　　　매우 심함
행동	산만함	주의 집중이 어렵거나, 한 가지 일을 꾸준하게 하지 못함
		0 · · · · · 1 · · · · · 2 · · · · · 3 · · · · · 4 · · · · · 5
		전혀 없음　　　　　　　　　　　　　　　　　　　　　　매우 심함
	공격성	남에게 나쁜 말을 하고 싶거나, 항상 화가 나 있거나, 남을 때리고 싶은 기분
		0 · · · · · 1 · · · · · 2 · · · · · 3 · · · · · 4 · · · · · 5
		전혀 없음　　　　　　　　　　　　　　　　　　　　　　매우 심함

체크리스트

❸ 치료자의 의견을 자유롭게 작성해 주십시오.

이번 회기 내담자의 특이사항	
내담자에게 가장 필요한 사항	
기타 의견	

13 회기

재발요인 탐색

게임 사용 기록표

– 게임 안 하는 하루를 어떻게 보낼지 계획을 세워 볼까요?
– 또한 게임을 하지 않는 여가 시간에는 무엇을 할지 적어 볼까요?

요일 날짜	월	화	수	목	금	토	일
오전 6~7							
7~8							
8~9							
9~10							
10~11							
11~12							
오후 12~1							
1~2							
2~3							
3~4							
4~5							
5~6							
6~7							
7~8							
8~9							
9~10							
10~11							
11~12							
오전 12~1							
1~2							
2~3							
3~4							
4~5							
5~6							

워크북
Stepped
Tailored
Empowerment
Programs

집중개입-외현화 유형 Comprehensive Intervention Level-Externalization Type

게임 쉬는 날 실천 점검

● 과제를 해 보니 어땠나요? 소감을 말해 보세요.

● 어려움은 없었나요? 있었다면 어떻게 해결하면 좋을까요?

● 새로운 목표와 실천 계획을 세워 보세요.

1

2

3

게임 갈망 다시 한 번 점검해요!

● 게임을 하고 싶은 유혹의 순간들을 떠올려 봅시다.

장소　예) 집에 있을 때, PC방 앞을 지날 때

인물　예) 친구와 연락할 때, 혼자 있을 때

시간　예) 학교 마치고 집에 갈 때, 주말에

기분　예) 심심할 때, 우울할 때, 화가 날 때

● 유혹에 빠졌던 경험을 떠올려 봅시다.

유혹에 빠져 본 경험	유혹을 물리쳐 본 경험

자기조절 분석

● 어떤 것들이 나를 변화하게 했나요?

● 어떤 것들이 나를 변화하지 못하게 했나요?

● 이때까지 나의 조절행동을 평가해 볼까요?

성공적인
조절행동은
무엇이
있었나요?

좋지 않은
조절행동은
무엇이
있었나요?

워크북
Stepped
Tailored
Empowerment
Programs

집중개입-외현화 유형 Comprehensive Intervention Level-Externalization Type

게임 쉬는 날 계획 세우기

● 예상되는 방해물은 무엇인가요?

1
2
3

● 어떻게 대처하면 좋을까요? 방법을 구체적으로 적어 보세요.

1
2
3
4
5

내담자

체크리스트

오늘 프로그램에 참여하면서 느낀 점을 각 문항에 따라 대답해 주세요.
최대한 솔직하고 성실한 답변을 부탁드립니다. 대답한 내용은 외부에 유출되지 않으며,
치료 및 연구를 위한 자료로만 사용됩니다. 참여해 주셔서 감사합니다!

❶ 지난 일주일 동안 (오늘을 포함하여) 인터넷(인터넷 게임)을 얼마나 사용했나요? (∨)

빈도	주 1회	주 2~3회	주 4~5회	주 6회 이상	주말만	사용 안 함
평일	1시간 미만 ☐	1~2시간 ☐	2~3시간 ☐	3~4시간 ☐	4~5시간 ☐	5시간 이상 ☐
주말	1시간 미만	1~2시간	2~3시간	3~4시간	4~5시간	5시간 이상

❷ 지난 일주일 동안 (오늘을 포함하여) 내가 느낀 기분과 행동을 아래에 각각 표시해 주세요. (∨)

기분	슬프거나, 울고 싶거나, 기분이 가라앉음 0 · · · · · 1 · · · · · 2 · · · · · 3 · · · · · 4 · · · · · 5 전혀 없음 매우 심함 불안하거나, 걱정이 많거나, 예민한 기분 0 · · · · · 1 · · · · · 2 · · · · · 3 · · · · · 4 · · · · · 5 전혀 없음 매우 심함
행동	주의 집중이 어렵거나, 한 가지 일을 꾸준하게 하지 못함 0 · · · · · 1 · · · · · 2 · · · · · 3 · · · · · 4 · · · · · 5 전혀 없음 매우 심함 남에게 나쁜 말을 하고 싶거나, 항상 화가 나 있거나, 남을 때리고 싶은 기분 0 · · · · · 1 · · · · · 2 · · · · · 3 · · · · · 4 · · · · · 5 전혀 없음 매우 심함

체크리스트

❸ 지난 일주일 동안 (오늘을 포함하여) 가족과의 관계에 대해 아래에 표시해 주세요. (∨)

지난 일주일 동안 가족과의 관계가 어땠나요?	0 · · · · · 1 · · · · · 2 · · · · · 3 · · · · · 4 · · · · · 5 매우 나쁨　　　　　　　　　　　　　　　　　　　　　　　매우 좋음
지난 일주일 동안 부모님께 혼나거나 가족과 싸운 적이 있나요?	있음 □ (　　회)　없음 □ **위 문항에서 '있음'에 표시한 경우** 혼나거나 싸운 이유가 나의 인터넷(인터넷 게임) 사용 때문이었나요? 　　　　　　**그렇다**　　　　　**아니다**

❹ 현재 나는 인터넷(인터넷 게임) 사용을 얼마나 조절*할 수 있나요? (∨)
　(＊**조절** : 계획한 시간만 사용하거나, 내가 원하는 때에 그만할 수 있음)

　　　　　　　　0 · · · · · 1 · · · · · 2 · · · · · 3 · · · · · 4 · · · · · 5
　　　　　　　전혀 못함　　　　　　　　　　　　　　　　　　　매우 잘함

❺ 나의 인터넷(인터넷 게임) 사용 문제가 앞으로 잘 해결될 것이라 생각하나요? (∨)

　　　　　　　　0 · · · · · 1 · · · · · 2 · · · · · 3 · · · · · 4 · · · · · 5
　　　　　　　전혀 아니다　　　　　　　　　　　　　　　　　　매우 그렇다

❻ 오늘 프로그램 참여에 대해 만족하나요? (∨)

　　　　　　　　0 · · · · · 1 · · · · · 2 · · · · · 3 · · · · · 4 · · · · · 5
　　　　　　　전혀 아니다　　　　　　　　　　　　　　　　　　매우 그렇다

❼ 오늘 프로그램에 참여하면서 느낀 점을 자유롭게 작성해 주세요.

가장 좋았던 점	
더 필요한 점	

치료자

체크리스트

프로그램 진행과 내담자에 대해 각 문항에 따라 대답해 주십시오.

❶ 이번 회기 프로그램 중 내담자에 대해 아래 질문에 따라 표시해 주십시오. (∨)

오늘 내담자의 전체적인 프로그램 참여 태도는 어땠습니까?	0 · · · · · 1 · · · · · 2 · · · · · 3 · · · · · 4 · · · · · 5 매우 나쁨 　　　　　　　　　　　　　　　　　　매우 좋음
오늘 내담자가 인터넷(인터넷 게임) 외의 주제에 대해서도 이야기를 잘했나요?	0 · · · · · 1 · · · · · 2 · · · · · 3 · · · · · 4 · · · · · 5 전혀 못함 　　　　　　　　　　　　　　　　　　매우 잘함
오늘 내담자가 인터넷(인터넷 게임)에 관한 이야기만 했나요?	0 · · · · · 1 · · · · · 2 · · · · · 3 · · · · · 4 · · · · · 5 전혀 없음 　　　　　　　　　　　　　　　　　　매우 심함
오늘 내담자가 프로그램 참여 중에 인터넷(인터넷 게임) 용어를 사용했나요?	0 · · · · · 1 · · · · · 2 · · · · · 3 · · · · · 4 · · · · · 5 전혀 없음 　　　　　　　　　　　　　　　　　　매우 심함

체
크
리
스
트

❷ 내담자의 현재 관찰된 기분과 행동을 아래에 표시해 주십시오. (∨)

기분	우울	슬프거나, 울고 싶거나, 기분이 가라앉음
		0 · · · · · 1 · · · · · 2 · · · · · 3 · · · · · 4 · · · · · 5
		전혀 없음　　　　　　　　　　　　　　　　　　　　　　　매우 심함
	불안	불안하거나, 걱정이 많거나, 예민한 기분
		0 · · · · · 1 · · · · · 2 · · · · · 3 · · · · · 4 · · · · · 5
		전혀 없음　　　　　　　　　　　　　　　　　　　　　　　매우 심함
행동	산만함	주의 집중이 어렵거나, 한 가지 일을 꾸준하게 하지 못함
		0 · · · · · 1 · · · · · 2 · · · · · 3 · · · · · 4 · · · · · 5
		전혀 없음　　　　　　　　　　　　　　　　　　　　　　　매우 심함
	공격성	남에게 나쁜 말을 하고 싶거나, 항상 화가 나 있거나, 남을 때리고 싶은 기분
		0 · · · · · 1 · · · · · 2 · · · · · 3 · · · · · 4 · · · · · 5
		전혀 없음　　　　　　　　　　　　　　　　　　　　　　　매우 심함

❸ 치료자의 의견을 자유롭게 작성해 주십시오.

이번 회기 내담자의 특이사항	
내담자에게 가장 필요한 사항	
기타 의견	

14 회기

재발 예방

게임 쉬는 날 실천 점검

● 과제를 해 보니 어땠나요? 소감을 말해 보세요.

● 어려움은 없었나요? 있었다면 어떻게 해결하면 좋을까요?

● 새로운 목표와 실천 계획을 세워 보세요.

1

2

3

자기에게 거절하는 방법

● 어떤 방법으로 유혹 상황에 대처할 수 있는지 알아볼까요?

① PC방과 같은 유혹당할 것 같은 장소에 가지 않아요.

② "나도 너랑 게임하고 싶지만, 지금은 잠시만 게임하는 것을 쉬고 싶어."라고 같이 게임하자고 하는 친구에게 부탁해요.

③ "저는 지금 게임을 조절하는 중이에요. 제가 잘하고 있는지 지켜봐 주세요."라고 공개적으로 약속해요.

④ 다른 재미있는 것을 하거나 게임의 단점을 떠올리고 '난 할 수 있다' 라고 외치는 것이 필요해요.

⑤ 게임 생각이 너무 나서 힘들 때는 잠시 산책을 하거나 운동을 하는 것이 도움이 돼요.

⑥ '나는 게임을 조절하기를 정말 원해. 난 할 수 있어'라고 스스로 다짐 하고 목표 달성 시의 좋은 점을 써 보아요.

친구에게 거절하는 방법

● 어떤 방법으로 친구의 제안을 거절할 수 있는지 알아볼까요?

① "아니! 난 이제 더 이상 게임하지 않기로 했어.
한 번 시작하면 그만두기가 어려워 미안해~"

② "이제 게임하지 않으려고~ 게임하자는 말은 이제 나한테 하지
말았으면 좋겠어."

③ 비언어적 표현도 중요합니다.

④ 친구와 게임 외에 새로운 화제로 대화합니다.

⑤ 만약 친구들과 게임 이외의 다른 활동을 하기 원한다면 함께 할 수
있는 대안을 적극적으로 제시합니다.

거절의 장점

● 거절했을 때 어떤 좋은 점이 있었나요?

나의 변화

내담자

체크리스트

오늘 프로그램에 참여하면서 느낀 점을 각 문항에 따라 대답해 주세요.
최대한 솔직하고 성실한 답변을 부탁드립니다. 대답한 내용은 외부에 유출되지 않으며,
치료 및 연구를 위한 자료로만 사용됩니다. 참여해 주셔서 감사합니다!

❶ 지난 일주일 동안 (오늘을 포함하여) 인터넷(인터넷 게임)을 얼마나 사용했나요? (∨)

빈도	주 1회	주 2~3회	주 4~5회	주 6회 이상	주말만	사용 안 함
평일	1시간 미만 ☐	1~2시간 ☐	2~3시간 ☐	3~4시간 ☐	4~5시간 ☐	5시간 이상 ☐
주말	1시간 미만	1~2시간	2~3시간	3~4시간	4~5시간	5시간 이상

❷ 지난 일주일 동안 (오늘을 포함하여) 내가 느낀 기분과 행동을 아래에 각각 표시해 주세요. (∨)

기분	슬프거나, 울고 싶거나, 기분이 가라앉음
	0 · · · · · 1 · · · · · 2 · · · · · 3 · · · · · 4 · · · · · 5
	전혀 없음 매우 심함
	불안하거나, 걱정이 많거나, 예민한 기분
	0 · · · · · 1 · · · · · 2 · · · · · 3 · · · · · 4 · · · · · 5
	전혀 없음 매우 심함

행동	주의 집중이 어렵거나, 한 가지 일을 꾸준하게 하지 못함
	0 · · · · · 1 · · · · · 2 · · · · · 3 · · · · · 4 · · · · · 5
	전혀 없음 매우 심함
	남에게 나쁜 말을 하고 싶거나, 항상 화가 나 있거나, 남을 때리고 싶은 기분
	0 · · · · · 1 · · · · · 2 · · · · · 3 · · · · · 4 · · · · · 5
	전혀 없음 매우 심함

❸ 지난 일주일 동안 (오늘을 포함하여) 가족과의 관계에 대해 아래에 표시해 주세요. (∨)

지난 일주일 동안 가족과의 관계가 어땠나요?	0 · · · · 1 · · · · 2 · · · · 3 · · · · 4 · · · · 5 매우 나쁨 　　　　　　　　　　　　　　　　　 매우 좋음
지난 일주일 동안 부모님께 혼나거나 가족과 싸운 적이 있나요?	있음 　(　회)　 없음 　 **위 문항에서 '있음'에 표시한 경우** 혼나거나 싸운 이유가 나의 인터넷(인터넷 게임) 사용 때문이었나요? 　　　　그렇다　　　　　아니다

❹ 현재 나는 인터넷(인터넷 게임) 사용을 얼마나 조절[*]할 수 있나요? (∨)
　(＊**조절** : 계획한 시간만 사용하거나, 내가 원하는 때에 그만할 수 있음)

0 · · · · 1 · · · · 2 · · · · 3 · · · · 4 · · · · 5
전혀 못함 　　　　　　　　　　　　　　　　 매우 잘함

❺ 나의 인터넷(인터넷 게임) 사용 문제가 앞으로 잘 해결될 것이라 생각하나요? (∨)

0 · · · · 1 · · · · 2 · · · · 3 · · · · 4 · · · · 5
전혀 아니다 　　　　　　　　　　　　　　　 매우 그렇다

❻ 오늘 프로그램 참여에 대해 만족하나요? (∨)

0 · · · · 1 · · · · 2 · · · · 3 · · · · 4 · · · · 5
전혀 아니다 　　　　　　　　　　　　　　　 매우 그렇다

❼ 오늘 프로그램에 참여하면서 느낀 점을 자유롭게 작성해 주세요.

가장 좋았던 점	
더 필요한 점	

치료자

체크리스트

프로그램 진행과 내담자에 대해 각 문항에 따라 대답해 주십시오.

❶ 이번 회기 프로그램 중 내담자에 대해 아래 질문에 따라 표시해 주십시오. (∨)

오늘 내담자의 전체적인 프로그램 참여 태도는 어땠습니까?	0 · · · · · 1 · · · · · 2 · · · · · 3 · · · · · 4 · · · · · 5 매우 나쁨　　　　　　　　　　　　　　　　　　　　매우 좋음
오늘 내담자가 인터넷(인터넷 게임) 외의 주제에 대해서도 이야기를 잘했나요?	0 · · · · · 1 · · · · · 2 · · · · · 3 · · · · · 4 · · · · · 5 전혀 못함　　　　　　　　　　　　　　　　　　　　매우 잘함
오늘 내담자가 인터넷(인터넷 게임)에 관한 이야기만 했나요?	0 · · · · · 1 · · · · · 2 · · · · · 3 · · · · · 4 · · · · · 5 전혀 없음　　　　　　　　　　　　　　　　　　　　매우 심함
오늘 내담자가 프로그램 참여 중에 인터넷(인터넷 게임) 용어를 사용했나요?	0 · · · · · 1 · · · · · 2 · · · · · 3 · · · · · 4 · · · · · 5 전혀 없음　　　　　　　　　　　　　　　　　　　　매우 심함

❷ 내담자의 현재 관찰된 기분과 행동을 아래에 표시해 주십시오. (∨)

기분	우울	슬프거나, 울고 싶거나, 기분이 가라앉음					
		0 · · · · · 1 · · · · · 2 · · · · · 3 · · · · · 4 · · · · · 5					
		전혀 없음					매우 심함
	불안	불안하거나, 걱정이 많거나, 예민한 기분					
		0 · · · · · 1 · · · · · 2 · · · · · 3 · · · · · 4 · · · · · 5					
		전혀 없음					매우 심함
행동	산만함	주의 집중이 어렵거나, 한 가지 일을 꾸준하게 하지 못함					
		0 · · · · · 1 · · · · · 2 · · · · · 3 · · · · · 4 · · · · · 5					
		전혀 없음					매우 심함
	공격성	남에게 나쁜 말을 하고 싶거나, 항상 화가 나 있거나, 남을 때리고 싶은 기분					
		0 · · · · · 1 · · · · · 2 · · · · · 3 · · · · · 4 · · · · · 5					
		전혀 없음					매우 심함

❸ 치료자의 의견을 자유롭게 작성해 주십시오.

이번 회기 내담자의 특이사항	
내담자에게 가장 필요한 사항	
기타 의견	

15 회기

변화의 단계 재점검하기/
자기성향 이해하기

게임 쉬는 날 실천 점검

● 과제를 해 보니 어땠나요? 소감을 말해 보세요.

● 어려움은 없었나요? 있었다면 어떻게 해결하면 좋을까요?

● 새로운 목표와 실천 계획을 세워 보세요.

1

2

3

변화단계 점검

● 나는 어느 단계에 있는 것 같나요?

당당한 나

● 내가 그동안 어떻게 변했는지 스스로 생각해 보아요.

게임 쉬는 날 계획 세우기

● 예상되는 방해물은 무엇인가요?

1
2
3

● 어떻게 대처하면 좋을까요? 방법을 구체적으로 적어 보세요.

1
2
3
4
5

체크리스트

오늘 프로그램에 참여하면서 느낀 점을 각 문항에 따라 대답해 주세요.
최대한 솔직하고 성실한 답변을 부탁드립니다. 대답한 내용은 외부에 유출되지 않으며,
치료 및 연구를 위한 자료로만 사용됩니다. 참여해 주셔서 감사합니다!

❶ 지난 일주일 동안 (오늘을 포함하여) 인터넷(인터넷 게임)을 얼마나 사용했나요? (∨)

빈도	주 1회	주 2~3회	주 4~5회	주 6회 이상	주말만	사용 안 함
평일	1시간 미만	1~2시간	2~3시간	3~4시간	4~5시간	5시간 이상
주말	1시간 미만	1~2시간	2~3시간	3~4시간	4~5시간	5시간 이상

❷ 지난 일주일 동안 (오늘을 포함하여) 내가 느낀 기분과 행동을 아래에 각각 표시해 주세요. (∨)

기분	슬프거나, 울고 싶거나, 기분이 가라앉음
	0 · · · · · 1 · · · · · 2 · · · · · 3 · · · · · 4 · · · · · 5
	전혀 없음 매우 심함
	불안하거나, 걱정이 많거나, 예민한 기분
	0 · · · · · 1 · · · · · 2 · · · · · 3 · · · · · 4 · · · · · 5
	전혀 없음 매우 심함
행동	주의 집중이 어렵거나, 한 가지 일을 꾸준하게 하지 못함
	0 · · · · · 1 · · · · · 2 · · · · · 3 · · · · · 4 · · · · · 5
	전혀 없음 매우 심함
	남에게 나쁜 말을 하고 싶거나, 항상 화가 나 있거나, 남을 때리고 싶은 기분
	0 · · · · · 1 · · · · · 2 · · · · · 3 · · · · · 4 · · · · · 5
	전혀 없음 매우 심함

❸ 지난 일주일 동안 (오늘을 포함하여) 가족과의 관계에 대해 아래에 표시해 주세요. (∨)

| 지난 일주일 동안 가족과의 관계가 어땠나요? | 0 · · · · · 1 · · · · · 2 · · · · · 3 · · · · · 4 · · · · · 5
매우 나쁨   매우 좋음 |
| 지난 일주일 동안 부모님께 혼나거나 가족과 싸운 적이 있나요? | 있음 ☐ (회) 없음 ☐

위 문항에서 '있음'에 표시한 경우
혼나거나 싸운 이유가 나의 인터넷(인터넷 게임) 사용 때문이었나요?

        그렇다   아니다 |

❹ 현재 나는 인터넷(인터넷 게임) 사용을 얼마나 조절*할 수 있나요? (∨)
   (***조절** : 계획한 시간만 사용하거나, 내가 원하는 때에 그만할 수 있음)

0 · · · · · 1 · · · · · 2 · · · · · 3 · · · · · 4 · · · · · 5
전혀 못함   매우 잘함

❺ 나의 인터넷(인터넷 게임) 사용 문제가 앞으로 잘 해결될 것이라 생각하나요? (∨)

0 · · · · · 1 · · · · · 2 · · · · · 3 · · · · · 4 · · · · · 5
전혀 아니다   매우 그렇다

❻ 오늘 프로그램 참여에 대해 만족하나요? (∨)

0 · · · · · 1 · · · · · 2 · · · · · 3 · · · · · 4 · · · · · 5
전혀 아니다   매우 그렇다

❼ 오늘 프로그램에 참여하면서 느낀 점을 자유롭게 작성해 주세요.

가장 좋았던 점	
더 필요한 점	

치료자

체크리스트

프로그램 진행과 내담자에 대해 각 문항에 따라 대답해 주십시오.

❶ 이번 회기 프로그램 중 내담자에 대해 아래 질문에 따라 표시해 주십시오. (∨)

오늘 내담자의 전체적인 프로그램 참여 태도는 어땠습니까?	0 · · · · 1 · · · · 2 · · · · 3 · · · · 4 · · · · 5 매우 나쁨　　　　　　　　　　　　　　　　매우 좋음
오늘 내담자가 인터넷(인터넷 게임) 외의 주제에 대해서도 이야기를 잘했나요?	0 · · · · 1 · · · · 2 · · · · 3 · · · · 4 · · · · 5 전혀 못함　　　　　　　　　　　　　　　　매우 잘함
오늘 내담자가 인터넷(인터넷 게임)에 관한 이야기만 했나요?	0 · · · · 1 · · · · 2 · · · · 3 · · · · 4 · · · · 5 전혀 없음　　　　　　　　　　　　　　　　매우 심함
오늘 내담자가 프로그램 참여 중에 인터넷(인터넷 게임) 용어를 사용했나요?	0 · · · · 1 · · · · 2 · · · · 3 · · · · 4 · · · · 5 전혀 없음　　　　　　　　　　　　　　　　매우 심함

❷ 내담자의 현재 관찰된 기분과 행동을 아래에 표시해 주십시오. (∨)

기분	우울	슬프거나, 울고 싶거나, 기분이 가라앉음
		0 · · · · · 1 · · · · · 2 · · · · · 3 · · · · · 4 · · · · · 5 전혀 없음 매우 심함
	불안	불안하거나, 걱정이 많거나, 예민한 기분
		0 · · · · · 1 · · · · · 2 · · · · · 3 · · · · · 4 · · · · · 5 전혀 없음 매우 심함
행동	산만함	주의 집중이 어렵거나, 한 가지 일을 꾸준하게 하지 못함
		0 · · · · · 1 · · · · · 2 · · · · · 3 · · · · · 4 · · · · · 5 전혀 없음 매우 심함
	공격성	남에게 나쁜 말을 하고 싶거나, 항상 화가 나 있거나, 남을 때리고 싶은 기분
		0 · · · · · 1 · · · · · 2 · · · · · 3 · · · · · 4 · · · · · 5 전혀 없음 매우 심함

체크리스트

❸ 치료자의 의견을 자유롭게 작성해 주십시오.

이번 회기 내담자의 특이사항	
내담자에게 가장 필요한 사항	
기타 의견	

16
회기

나 그리고 우리와의
약속

워크북
Stepped
Tailored
Empowerment
Programs

집중개입-외현화 유형 Comprehensive Intervention Level – Externalization Type

게임 쉬는 날 실천 점검

● 과제를 해 보니 어땠나요? 소감을 말해 보세요.

● 어려움은 없었나요? 있었다면 어떻게 해결하면 좋을까요?

● 새로운 목표와 실천 계획을 세워 보세요.

1

2

3

게임 사용 기록표

– 지난 일주일간의 게임 사용에 대해 기록해 보세요.
– 어디서 어떤 게임을 했는지도 함께 기록해 보세요.
– 또한 게임을 하지 않는 여가 시간에는 무엇을 했는지도 적어 보세요.

요일 날짜	월	화	수	목	금	토	일
오전 6~7							
7~8							
8~9							
9~10							
10~11							
11~12							
오후 12~1							
1~2							
2~3							
3~4							
4~5							
5~6							
6~7							
7~8							
8~9							
9~10							
10~11							
11~12							
오전 12~1							
1~2							
2~3							
3~4							
4~5							
5~6							

즐거움 온도계

● 즐거운 활동들을 '즐거움 온도계'에 표시해 보아요.
 가장 즐거운 활동과 그렇지 않은 활동은 무엇인가요?

100
90
80
70
60
50
40
30
20
10
0

즐거움
온도계

자기 대처 매뉴얼

● 지금까지 배운 내용을 정리해 보아요.

워크북
Stepped
Tailored
Empowerment
Programs

집중개입-외현화 유형 Comprehensive Intervention Level-Externalization Type

나와의 약속

수 료 증

중학교   학년   반   번
이름

위 사람은 조절력 향상을 위한
개입프로그램의 단계를
모두 습득하고
자유롭게 사용하게 되었으므로
이 수료증을 드립니다.

년   월   일
센터장

체크리스트

오늘 프로그램에 참여하면서 느낀 점을 각 문항에 따라 대답해 주세요.
최대한 솔직하고 성실한 답변을 부탁드립니다. 대답한 내용은 외부에 유출되지 않으며,
치료 및 연구를 위한 자료로만 사용됩니다. 참여해 주셔서 감사합니다!

❶ 지난 일주일 동안 (오늘을 포함하여) 인터넷(인터넷 게임)을 얼마나 사용했나요? (∨)

빈도	주 1회	주 2~3회	주 4~5회	주 6회 이상	주말만	사용 안 함
평일	1시간 미만	1~2시간	2~3시간	3~4시간	4~5시간	5시간 이상
주말	1시간 미만	1~2시간	2~3시간	3~4시간	4~5시간	5시간 이상

❷ 지난 일주일 동안 (오늘을 포함하여) 내가 느낀 기분과 행동을 아래에 각각 표시해 주세요. (∨)

기분	슬프거나, 울고 싶거나, 기분이 가라앉음
	0 · · · · · 1 · · · · · 2 · · · · · 3 · · · · · 4 · · · · · 5 전혀 없음　　　　　　　　　　　　　　　매우 심함
	불안하거나, 걱정이 많거나, 예민한 기분
	0 · · · · · 1 · · · · · 2 · · · · · 3 · · · · · 4 · · · · · 5 전혀 없음　　　　　　　　　　　　　　　매우 심함

행동	주의 집중이 어렵거나, 한 가지 일을 꾸준하게 하지 못함
	0 · · · · · 1 · · · · · 2 · · · · · 3 · · · · · 4 · · · · · 5 전혀 없음　　　　　　　　　　　　　　　매우 심함
	남에게 나쁜 말을 하고 싶거나, 항상 화가 나 있거나, 남을 때리고 싶은 기분
	0 · · · · · 1 · · · · · 2 · · · · · 3 · · · · · 4 · · · · · 5 전혀 없음　　　　　　　　　　　　　　　매우 심함

체크리스트

❸ 지난 일주일 동안 (오늘을 포함하여) 가족과의 관계에 대해 아래에 표시해 주세요. (∨)

| 지난 일주일 동안
가족과의 관계가
어땠나요? | 0 · · · · · 1 · · · · · 2 · · · · · 3 · · · · · 4 · · · · · 5
매우 나쁨   매우 좋음 |
| 지난 일주일 동안
부모님께 혼나거나
가족과
싸운 적이 있나요? | 있음 □ (회)   없음 □

위 문항에서 '있음'에 표시한 경우
혼나거나 싸운 이유가 나의 인터넷(인터넷 게임) 사용 때문이었나요?

        그렇다   **아니다** |

❹ 현재 나는 인터넷(인터넷 게임) 사용을 얼마나 조절*할 수 있나요? (∨)
　(**＊조절** : 계획한 시간만 사용하거나, 내가 원하는 때에 그만할 수 있음)

0 · · · · · 1 · · · · · 2 · · · · · 3 · · · · · 4 · · · · · 5
전혀 못함 　　　　　　　　　　　　　　　　　　　　 매우 잘함

❺ 나의 인터넷(인터넷 게임) 사용 문제가 앞으로 잘 해결될 것이라 생각하나요? (∨)

0 · · · · · 1 · · · · · 2 · · · · · 3 · · · · · 4 · · · · · 5
전혀 아니다 　　　　　　　　　　　　　　　　　　　 매우 그렇다

❻ 오늘 프로그램 참여에 대해 만족하나요? (∨)

0 · · · · · 1 · · · · · 2 · · · · · 3 · · · · · 4 · · · · · 5
전혀 아니다 　　　　　　　　　　　　　　　　　　　 매우 그렇다

❼ 오늘 프로그램에 참여하면서 느낀 점을 자유롭게 작성해 주세요.

가장 좋았던 점	
더 필요한 점	

치료자

체크리스트

프로그램 진행과 내담자에 대해 각 문항에 따라 대답해 주십시오.

❶ 이번 회기 프로그램 중 내담자에 대해 아래 질문에 따라 표시해 주십시오. (∨)

오늘 내담자의 전체적인 프로그램 참여 태도는 어땠습니까?	0 · · · · · 1 · · · · · 2 · · · · · 3 · · · · · 4 · · · · · 5 매우 나쁨 매우 좋음
오늘 내담자가 인터넷(인터넷 게임) 외의 주제에 대해서도 이야기를 잘했나요?	0 · · · · · 1 · · · · · 2 · · · · · 3 · · · · · 4 · · · · · 5 전혀 못함 매우 잘함
오늘 내담자가 인터넷(인터넷 게임)에 관한 이야기만 했나요?	0 · · · · · 1 · · · · · 2 · · · · · 3 · · · · · 4 · · · · · 5 전혀 없음 매우 심함
오늘 내담자가 프로그램 참여 중에 인터넷(인터넷 게임) 용어를 사용했나요?	0 · · · · · 1 · · · · · 2 · · · · · 3 · · · · · 4 · · · · · 5 전혀 없음 매우 심함

❷ 내담자의 현재 관찰된 기분과 행동을 아래에 표시해 주십시오. (∨)

기분	우울	슬프거나, 울고 싶거나, 기분이 가라앉음					
		0 · · · · · 1 · · · · · 2 · · · · · 3 · · · · · 4 · · · · · 5					
		전혀 없음					매우 심함
	불안	불안하거나, 걱정이 많거나, 예민한 기분					
		0 · · · · · 1 · · · · · 2 · · · · · 3 · · · · · 4 · · · · · 5					
		전혀 없음					매우 심함
행동	산만함	주의 집중이 어렵거나, 한 가지 일을 꾸준하게 하지 못함					
		0 · · · · · 1 · · · · · 2 · · · · · 3 · · · · · 4 · · · · · 5					
		전혀 없음					매우 심함
	공격성	남에게 나쁜 말을 하고 싶거나, 항상 화가 나 있거나, 남을 때리고 싶은 기분					
		0 · · · · · 1 · · · · · 2 · · · · · 3 · · · · · 4 · · · · · 5					
		전혀 없음					매우 심함

❸ 치료자의 의견을 자유롭게 작성해 주십시오.

이번 회기 내담자의 특이사항	
내담자에게 가장 필요한 사항	
기타 의견	

인터넷 게임 중독
부모 교육

현재 우리 아이는?

● 내 자녀의 인터넷 중독상태를 묻는 가장 간단한 질문 네 가지

> – 평균적으로 하루 4시간 이상 사용하는가?
> – 인터넷 사용으로 인해 해야 할 일(과제, 학원, 시험공부 등)을 못하는가?
> – 주로 인터넷을 같이하는 친구들과만 교제하는가?
> – 인터넷 사용 때문에 가족들과 갈등이 발생하는가?

이 질문 네 가지에 모두 예라고 답한다면 심각한 인터넷 중독에 가까우며 한 가지만이라도 예에 해당하면 곧 심각한 인터넷 중독이 나타날 가능성이 높다고 판단합니다.

여기에서 간혹 논란이 되는 것이 시간의 문제입니다. 한마디로 인터넷 게임 시간이 절대적으로 많지는 않지만 인터넷 게임에 대한 생각에 사로잡혀 있는 시간이 많고 집착이 강한 경우도 있다는 것입니다. 이런 절대 사용시간의 문제와 더불어 절대적인 심리적, 강박적 집착도 반영이 되도록 해야 한다는 것입니다.

_ 아이들이 인터넷 게임 때문에 너무 아파요 (2005) : 김현수, 국민 출판

왜 게임에 빠지게 됐을까?

다수의 의사들은 과다한 인터넷 사용이 특정한 정서적 혹은 생물학적 질환의 반영이라고 생각하기도 합니다. 과다한 인터넷 사용과 연관된 정신의학적 질환에는 다음과 같은 것들이 있다고 생각하고 있습니다.

1) 주의력결핍 과잉행동장애

초등학교 학생이 인터넷에 중독되었다고 걱정하며 데리고 오는 경우 가장 쉽게 의심할 수 있는 임상양상입니다. 과다행동과 집중력장애를 갖고 있는 초등학생이 유독 게임을 더 좋아하고 집착하는 경향이 있습니다. 이는 주의력 길이가 짧고 주의력 전환도 빠른 이들에게 게임은 집중하기 쉽고 그럼으로 인해 자신이 유능감을 갖게 해 주는 효과가 있는 것 같기 때문인 것으로 생각합니다. 다른 학습과 활동의 영역에서 부정적인 피드백만 받아 오던 산만한 아동이 게임에 놀라울 정도의 집중력을 보이면서 자신이 자신에게 만족해하는 경향이 있습니다. 산만한 아동은 게임이 자신에게 가장 유용한 학습도구이고 유능감을 높여 주는 고마운 도구가 되어 버리고 게임을 통해 얻게 된 지위나 보상을 자랑스럽게 여기기도 합니다.

이 경우 주의력장애의 치료를 통해 다른 분야에서의 유능감을 경험하도록 하는 것이 치료적 접근의 원칙이 됩니다. 안타깝게도 주의력이 나아지고 과다행동이 좋아진다고 해서 게임이 주는 보상효과를 강력히 경험한 아동이 쉽게 게임 습관이 나아지지는 않습니다. 따라서 주의력장애의 치료와 더불어 게임을 조절하도록 할 수 있는 새로운 보상체계와 더불어 습관을 만들어야 합니다.

2) 방임

초등학교 학생이 인터넷에 중독되었다고 오는 또 다른 많은 경우는 한마디로 방임상태에 있던 경우입니다. 맞벌이 가정을 포함하여 아동을 보살필 수 있는 손길이 적은 경우, 외로운 아동들이 연결되고 싶은 강한 소망이 있는 경우 게임 혹은 채팅에 쉽게 빠집니다. 게임은 지루하게 홀로 있는 시간을 달래 주기도 하고 길드나 클랜과 같은 게임공동체가 부모의 자리를 대신하기도 합니다. 부모가 돌보기 어려운 여자 초등학생의 경우 채팅을 통해 아저씨와 교제하게 되어 성추행이 있었던 사례를 경험하기도 했는데 이 경우 부모 중 한쪽이 직장을 그만두고 아이와 놀아 주는 시간을 늘리는 것 자체로 아이가 좋아지는 경험을 하기도 했습니다. 이런 형태의 절대적 방임이 미치는 영향도 크지만 기능적 방임의 영향도 큰 것 같습니다.

기능적 방임이란 가족의 응집이나 공동 활동이 부재하여 사실상 가족놀이도 없고 가족의 정서적 유대가 없는 경우를 말합니다. 확실히 재미없고, 돌봄이 없는 집에서 인터넷의 과다 사용이 발생합니다. 특히 나이가 어릴수록 이런 원인이 인터넷 중독의 원인이 되어 상담소를 방문하게 됩니다.

3) 우울증

아마도 가장 많은 다양한 인터넷 중독과 관련된 정서적 요인은 우울감입니다. 우울감은 다양한 방식으로 인터넷을 통해 자기자극을 하게 만듭니다. 특히 작은 좌절이 많고 성취가 적으며 현실에서의 효능감이 적은 사람들이 많은 것 같습니다. 우울하고 외로운 사람들에게 인터넷은 일종의 자가투약효과를 보이는 것 같습니다. 이미 기존의 많은 연구에서도 채팅과 같은 인터넷 활동은 우울증과의 높은 연관을 보인다는 보고가 있었습니다.

여기에서 우리가 이해해야 하는 특성은 비전형적 우울증입니다. 비전형적 우울증은 흔히 청소년에게 많고 전형적 우울증과는 다소 다른 양상을 보입니다. 대인관계에서의 적대감이 높고, 감정에 대한 반응이 있고, 과수면 혹은 과식을 할 수도 있고 우울하기보다는 짜증 나 있는 것처럼 보이는 양상을 갖고 있습니다. 많은 청소년들이 감정의 해방과 스트레스의 탈출구로 인터넷을 활용할 때 생각해 보아야 할 첫 진단은 우울증입니다. 한국의 많은 청소년들은 상당수가 우울감을 경험하는 것으로 보고되고 있습니다. 이들에게 자신의 우울감을 털어 버릴 수 있는 현실도피처로서의 인터넷은 기쁨의 근원으로 작용합니다. 우울감의 정도에 따른 상담 및 약물치료와 더불어 현실에서의 적응을 유발할 수 있는 동기개발, 진로지도가 치료의 지침이 됩니다.

4) 충동조절장애

가장 널리 알려진 충동조절장애는 병적 도박입니다. 주로 성인 인터넷 중독자들에 해당되며 이들은 도박중독적 성향을 현재 인터넷 중독으로 표현하고 있을 뿐입니다. 승부근성이 강하고 강한 자극을 추구하며 한 번 빠지면 헤어 나오기 힘들어하는 경향이 강하며 새로운 것에 지나치게 민감한 경향을 지닌 사람은 인터넷 게임에 더 쉽게 중독될 수 있습니다. 미국의 한 연구자는 인터넷 중독자들 중 거의 대부분이 충동조절장애에 속한다고 이야기한 바도 있습니다. 특정 게임 중 어떤 게임은 충동조절장애적 성향이 강한 사람들이 빠지기도 합니다.

충동조절장애의 치료는 현재 매우 어려운 것으로 알려지고 있습니다. 도박중독에 빠진 사람들이 회복되기는 하지만 많은 경우 재산을 모두 날리고 난 뒤인 것처럼 충동조절장애적 경향이 강한 사람들이 게임에 빠져들면 자신의 현실 기반이 모두 파손될 때까지 지속되는 경향이 있습니다.

5) 사회공포증과 특정인격장애

사회공포증과 더불어 회피성 인격장애, 정신분열성, 정신분열형 인격장애 등과 같은 대인기피적 경향이 있는 진단들을 고려해야 할 때가 있습니다. 전형적인 중독자들보다는 귀차니스트나 리플족과 같은 사람들이 여기에는 더 많이 속하는 것 같습니다. 흔히 말하는 '혼자 놀기'의 달인들이라고 불리는 이 집단은 검색, 다운로드, 영화감상, 쇼핑 등 다양한 인터넷 놀이를 즐기면서 사람을 만나지 않고 집에서 처박혀 지냅니다. 겉보기에는 인터넷을 과다 사용하는 것처럼 보이지만 사실은 인터넷이 현실에의 창구로 활용되고 있는 것입니다. 이들은 다양한 현실에서의 새로운 대인관계 경험을 학습할 필요가 있습니다. 하지만 이 과정은 그리 간단치 않으며 매우 어렵습니다. 일본에서 거론되고 있는 '히키코모리'(집에서 나오지 않는 아이들을 가리키는 용어)와 유사하지 않을까 생각합니다.

인터넷을 과다하게 사용하는 경우, 부모님들은 상기한 질환에 대한 의문을 가져 볼 필요가 있습니다. 인터넷의 과다 사용과 상기한 질환이 공존하는 경우도 있으며, 과도한 인터넷 사용이 상기한 질환의 증상으로 나타날 수도 있기 때문입니다.

_ 아이들이 인터넷 게임 때문에 너무 아파요 (2005) : 김현수, 국민 출판

인터넷 게임 중독이란?

사람의 뇌에는 쾌락중추가 있습니다.

쾌락중추

복내측 전전두엽

중격 측좌핵

복측피개

쾌락중추란?
쾌락을 주는 자극 때문에 활성화되는 신경망.
이 신경망이 계속해서 자극되면,
쾌락을 주는 자극을 끊임없이 원하게 됩니다.

인터넷 게임 중독이란?

인터넷 게임 중독은, 뇌가 끊임없이 쾌락을 추구하는 상태!

온라인 게임 중독자와 프로게이머의 뇌는 다르다!
"프로게이머의 전(前)대상피질*의 크기가 월등히 크다"

▶ 프로게이머는 공부처럼 계획하에 통제력을 갖고 훈련한 결과로 이루어 낸 업적.

▶ 그러나 온라인 게임 중독자는 순간의 쾌락을 위해 게임을 함.

＊전대상피질 : 통제력을 담당하는 뇌 부위

게임 중독 뇌… 관제탑이 테러범에 접수된 격!
"뇌의 관제탑이 게임이라는 테러범에게 접수된 격"

▶ 중독 이전에는 통합적인 뇌기능에 따라 이성과 감성의 조화로 행동하지만, 중독에 빠지면 통제센터 역할을 중독중추가 대신 맡게 되어 행동함.

▶ 중독자들은 '뇌신경이 타 들어갈 때까지 쾌락을 추구하는 상태'인 '게임좀비'로 변함.

상담 과정·프로그램 소개

"본 프로그램은 외현화 유형/집중개입으로 16회기로 구성되며 각 회기는 청소년 내담자 상담 및 청소년 부모 상담으로 진행됩니다."

"프로그램은 도입-작업-마무리의 3단계로 구성되어 있습니다. 도입부분에서는 인사 및 한 주간의 생활을 점검하며 작업에는 각 회기의 주요 목표와 관련된 활동을 진행합니다. 마무리에서는 상담에 대한 피드백을 나누고 한 주간 진행할 목표와 과제를 점검할 수 있도록 구성되어 있습니다."

외현화 유형 집중개입 설명

"본 프로그램은 총 16회기로 주 1회 4개월간 진행됩니다. 프로그램 초기(1~4회기)에는 상담 구조화, 관계형성, 게임 사용 인식 증진, 변화동기 증진 등의 내용으로 구성됩니다. 초·중반에는 게임 대체 자극을 찾고 게임 갈망을 점검하고 게임 갈망 대처법을 습득합니다. 중반 이후부터는 심심한 시간에 대한 대처법을 탐색하고 분노 조절 대처법을 훈련합니다. 또한 재발과 관련된 요인들을 점검하고 이를 예방하고 대처할 수 있는 방법들을 탐색합니다."

어떻게 지도해야 할까?

● 자녀가 상담에 저항적일 때 대처할 수 있는 방법

자녀가 상담 약속을 변경하기를 원할 때

▶ 가능한 약속한 상담 시간을 지키도록 권유한다.
▶ 만약 부득이한 사정으로 상담 약속을 지키지 못할 경우에는 적어도 상담 하루 전에 자녀가 직접 상담자에게 연락할 수 있도록 지시한다.

자녀가 상담 당일에 상담에 오고 싶지 않다고 할 때

▶ 상담에 저항적일 수 있음을 먼저 이해하고 공감한다.
▶ 자녀가 상담에 가고 싶지 않은 이유에 대해 질문하고 충분히 대화를 나눈다.
▶ 강압적이고 지시적인 태도보다는 공감적이고 지지적인 태도로 대화를 진행한다.
▶ 부모님이 대신하여 상담을 취소하지 말고 자녀가 상담자에게 직접 연락하여 상담을 취소하는 이유에 대해 설명할 수 있도록 한다.

지금까지 어떻게 지도하셨나요?

▶ 혹시 자녀에 대해 이렇게 생각하셨나요?
"~해야만 한다" 혹은 "~하지 않으면 안 된다"

▶ 부모님의 훈육 방법과 비합리적 사고는 자녀의 인터넷 게임 사용에 영향을 줄 수 있습니다!

지도 TIP

▶ 자녀의 인터넷 게임 사용문제는 예전에 시작되었으며, 앞으로도 계속됩니다.

▶ 부모님의 강압적인 방법은 더 이상 통하지 않으며, 자녀의 인터넷 게임 집착 빨리 사라지기 어렵습니다.

▶ 자녀가 어떤 인터넷 게임에 빠지게 되었는지 아는 것이 중요합니다. 즉 자녀의 유형에 따라 접근해야 합니다.

▶ 인터넷 게임 사용문제는 '청소년 정체성 문제'임을 알아야 합니다. 따라서 자녀가 무엇을 재미있게 잘할 수 있는지를 다시 찾아내는 과정이 필요합니다.

▶ 인터넷 게임 사용은 자녀의 심리적 표현이라는 점을 알아야 합니다.

▶ 자녀에게 인터넷 게임 사용을 금지하는 것보다, 안 하는 시간을 늘리는 것이 필요합니다. 이를 위해, 여가활동을 늘리고 자녀가 즐거움을 느끼는 우선순위를 알아내어 그 욕구를 충족시켜 주세요.

2회기

아이의 변화를 확인해 보세요! | 아이가 또 인터넷에 빠진다면?

아이의 변화를 확인해 보세요!

칭찬을 할 때는 AAA를 기억하세요!

예를 들어, '하루 게임 안 하기' 목표를 달성했다면 자녀에게 다음 세 가지에 대해 아래와 같이 칭찬해 주세요.

Action
"네가 그렇게 좋아하던 게임을 하지 않는 것이 매우 어려웠을 텐데, 정말 열심히 노력했구나!"

Actor
"네가 하루 게임 안 하기 목표 달성에 성공했구나!"

Appreciation
"엄마는 네가 포기하지 않고 끝까지 노력해서 네가 정한 목표를 스스로 달성하다니 참 기분이 좋다. 참 대견하다."

게임 사용 기록표

● 지난주 나의 게임 사용에 대해 확인해 봅시다.

요일 날짜	월	화	수	목	금	토	일
오전 6~7							
7~8							
8~9							
9~10							
10~11							
11~12							
오후 12~1							
1~2							
2~3							
3~4							
4~5							
5~6							
6~7							
7~8							
8~9							
9~10							
10~11							
11~12							
오전 12~1							
1~2							
2~3							
3~4							
4~5							
5~6							

나의 게임 사용 분석표

회기	나는 게임을 얼마나 하고 있나?
2	
3	
4	
종합분석	
어떻게 하면 좋을까?	

아이가 또 인터넷에 빠진다면?

재발이란?

▶ 한 번에 좋아지길 바라실 겁니다.
그러나 결코 그럴 수 없다는 것을 이제는 아셨을 겁니다.

▶ 변화는 나선형입니다.
변한 것 같다가도 더 나빠져서 후퇴되기도 하고, 다시 변화해서 더 나아
가기도 합니다. 이러한 여러 번의 반복 후에 변화가 완성됩니다.

▶ 자녀가 또 재발할까 봐 염려하는 것은 당연합니다.
그러나 이러한 반복된 재발이 점진적인 변화라는 것을 알아야 합니다.

▶ 따라서 재발할 가능성이 높은 때를 아는 것이 예방의 핵심입니다

자녀가 재발할 때 보이는 경고반응을 살펴보세요!

1
· 스트레스를 많이 받는다.
· 친구나 가족들과 사이가 좋지 않다.
· 외롭고 우울하다.
· 쉽게 화가 난다.
· 더 이상 어떤 것에도 흥미를 느끼지 않는다.

2
· 생활 습관이 불규칙적으로 변하고 있다.
· 자신의 문제에 대해 도움을 청하거나, 해결 방법에 대해 이야기하기 싫어한다.
· 사람들에게 종종 거짓말을 하기 시작한다.

3
· 평상시보다 게임 사용량이 증가했다.
· 게임을 즐겨 하는 친구들과 어울리기 시작했다.
· 자신이 충분히 게임을 조절할 수 있을 것이라고 생각한다.

재발 예방 방법

첫째 재발의 신호가 보일 때, 자녀와 허심탄회하게 대화할 수 있는 기회를 마련한다.

- ▶ 최근의 기분, 스트레스에 대해 질문하고, 이에 대해 공감한다.
- ▶ 부모의 태도를 점검한다.
  예) 부모의 인터넷 사용, 늘어난 잔소리, 과도한 통제 등
- ▶ 자녀의 자기 대처 매뉴얼을 점검하고, 위험 상황에서 함께 할 수 있는 대처 행동이 무엇인지 확인한다.

둘째 여가활동을 점검하고, 자녀가 보다 즐겁고 관심 있는 활동을 할 수 있도록 돕는다.

셋째 자녀가 잘하고 있는 긍정적인 행동들에 대해 지지하고 격려한다.

넷째 전문가의 도움을 구한다.

수고하셨습니다!

MEMO